J.D. PONCE SU
SØREN KIERKEGAARD

UN'ANALISI ACCADEMICA DI
AUT-AUT

INDICE

CONSIDERAZIONI PRELIMINARI

Søren Aabye Kierkegaard, nato il 5 maggio 1813 a Copenaghen, Danimarca, è stato una figura enigmatica e influente nella filosofia e nella letteratura. I suoi scritti profondi e il suo approccio unico continuano ad affascinare i lettori, spingendoli a riflettere profondamente sull'esistenza, sulla natura umana e sulla fede.

L'educazione di Kierkegaard in una casa devotamente religiosa, unita all'influenza pia del padre e alla disposizione malinconica della madre, gettarono le basi per il suo orientamento introspettivo ed esistenziale. Queste prime esperienze non solo plasmarono la sua comprensione della devozione religiosa, ma instillarono anche in lui una spiccata sensibilità per le lotte interiori della psiche umana, un tema che avrebbe permeato le sue opere.

Fin da piccolo, Kierkegaard dimostrò un intelletto eccezionale e una profonda comprensione di vari movimenti filosofici, tra cui l'idealismo tedesco e il Romanticismo. All'Università di Copenaghen, venne a conoscenza delle opere di pensatori come Georg Wilhelm Friedrich Hegel, Friedrich Schelling e Johann Wolfgang von Goethe. Mentre si confrontava con questi influenti filosofi, Kierkegaard sviluppò simultaneamente il suo approccio distintivo che avrebbe sfidato e trasceso i quadri filosofici esistenti.

Ciò che distingue Kierkegaard dai suoi contemporanei è l'uso di pseudonimi e personaggi nelle sue opere letterarie. Attraverso questi espedienti narrativi, ha cercato di approfondire molteplici prospettive, sfidare il pensiero convenzionale e svelare la condizione umana. Ogni pseudonimo rappresentava una voce distinta, consentendo a Kierkegaard di affrontare diversi aspetti delle questioni esistenziali e presentare punti di vista contrastanti.

Centrale negli scritti di Kierkegaard è la sua esplorazione della condizione esistenziale, in particolare le tensioni tra ragione, fede ed esperienza soggettiva. Rifiutando la ricerca della certezza oggettiva, ha sottolineato il significato della soggettività individuale. Per Kierkegaard, la comprensione e il significato genuini potevano emergere solo attraverso un autentico impegno con le proprie esperienze e una volontà di confrontarsi con incertezza e ansia.

Una delle sue opere seminali, "Timore e tremore", presenta un esame approfondito della storia del sacrificio di Isacco da parte di Abramo. In quest'opera, Kierkegaard si tuffa nella fede, nell'etica e nella relazione dell'individuo con Dio. Riconosce i dilemmi etici che sorgono dall'adesione ai comandamenti divini di fronte alle norme sociali e alla moralità personale. Kierkegaard sottolinea l'importanza della verità soggettiva e del salto soggettivo della fede che trascende la razionalità come mezzo per una comprensione più profonda di sé e del divino.

"Il concetto di ansia" di Kierkegaard approfondisce le dimensioni psicologiche ed esistenziali dell'ansia, sfidando la nozione prevalente di ansia come puramente negativa. Egli propone che l'ansia non sia semplicemente un oggetto di paura da evitare, ma una parte fondamentale dell'esistenza umana. L'ansia nasce dalla tensione tra libertà e responsabilità, possibilità e finitezza. Kierkegaard sostiene che abbracciare l'ansia può portare all'autoconsapevolezza, alla crescita personale e alla realizzazione del proprio vero potenziale.

Inoltre, Kierkegaard esplora le relazioni umane, in particolare l'amore romantico, in tutti i suoi scritti. In "Aut-Aut", presentato attraverso le voci di due pseudonimi, esamina i contrasti tra modalità di esistenza estetiche ed etiche. L'individuo estetico cerca piaceri fugaci ed evita l'impegno, mentre l'individuo etico abbraccia la responsabilità, l'integrità personale e l'auto-riflessione. Queste prospettive contrastanti servono come specchi che riflettono le esperienze vissute da Kierkegaard con l'amore, mentre lottava con il tumulto del suo fidanzamento con Regine Olsen, interrompendolo infine per perseguire una vita solitaria e introspettiva.

Per tutta la sua vita, Kierkegaard ha dovuto fare i conti con un profondo senso di solitudine e angoscia esistenziale. Le sue opere, come "La malattia mortale" e i suoi "Diari" pubblicati postumi, offrono spunti toccanti sulle sue lotte personali e riflessioni filosofiche sulla condizione umana. Kierkegaard credeva che una vera scoperta di sé e la volontà di confrontarsi con le profondità della propria esistenza fossero essenziali per condurre una vita veramente significativa.

L'eredità filosofica di Søren Kierkegaard si estende ben oltre i suoi contemporanei, influenzando pensatori come Friedrich Nietzsche, Martin Heidegger, Jean-Paul Sartre e Albert Camus. La sua enfasi sull'esperienza soggettiva dell'individuo, l'esame del terrore esistenziale e la necessità di compiere salti di fede soggettivi continuano a risuonare con coloro che si confrontano con questioni di identità, significato e scopo in un mondo moderno complesso.

Eventi e relazioni influenti:

Il viaggio di Søren Kierkegaard attraverso la vita è stato tumultuoso, segnato da una serie di eventi stimolanti e relazioni influenti che hanno avuto un profondo impatto sul suo pensiero filosofico e sui suoi scritti in Aut-Aut. Questo capitolo approfondisce ulteriormente le esperienze e gli individui significativi che hanno plasmato la prospettiva di Kierkegaard, svelando i fili intrecciati in tutta la sua opera.

Uno degli eventi più cruciali nella vita di Kierkegaard fu la morte del padre, Michael Pedersen Kierkegaard, nel 1838. Questa profonda perdita scosse il giovane Kierkegaard nel profondo, spingendolo a mettere in discussione lo scopo e il significato della vita stessa. Alle prese con la cruda realtà della mortalità e il tumulto esistenziale della sofferenza umana, Kierkegaard sviluppò un profondo senso di introspezione che sarebbe diventato centrale nelle sue esplorazioni filosofiche.

Il rapporto di Kierkegaard con il padre era complesso, caratterizzato da una dicotomia di influenza e tensione. Michael Pedersen Kierkegaard, un uomo devotamente religioso, instillò nel figlio una fervente pietà e aderenza alla fede. Tuttavia, la severità e la natura autoritaria del padre Kierkegaard misero a dura prova il loro rapporto. Questa tensione tra devozione religiosa e il peso opprimente dell'autorità spinse Kierkegaard ad approfondire la fede, l'etica e il rapporto dell'individuo con Dio in Aut-Aut.

Inoltre, vale la pena menzionare che il padre di Kierkegaard, un commerciante in pensione, aveva subito notevoli battute d'arresto finanziarie, lasciando la famiglia in una situazione economica ridotta. Questa tensione finanziaria influenzò la prospettiva del giovane Kierkegaard sui beni materiali e sulla connessione tra ricchezza e vita autentica. Questa comprensione sfumata della condizione umana si riflette nella sua critica della superficialità e degli eccessi delle norme e delle aspirazioni sociali all'interno di Aut-Aut.

Un'altra figura influente nella vita di Kierkegaard fu Regine Olsen, la sua ex fidanzata. Il loro fidanzamento, che durò solo un anno prima che Kierkegaard lo interrompesse bruscamente, ha un profondo significato nella comprensione delle sue teorie sull'amore, sulle relazioni e sulla natura dell'impegno. L'angoscia che provò nel recidere questo legame pesò pesantemente sulla sua anima, spingendolo a sfidare le nozioni convenzionali di passione, dovere etico e il significato del sacrificio personale. La decisione di Kierkegaard di sciogliere il loro fidanzamento non fu semplicemente dovuta alla paura del matrimonio o all'inadeguatezza personale, ma piuttosto a una profonda comprensione del fatto che non poteva realizzare la sua vera vocazione e dedicarsi completamente sia a Dio che a Regine. Questo sacrificio e rifiuto della felicità convenzionale alimentò ulteriormente la sua esplorazione filosofica nella tensione tra passione e dovere e nelle complessità e contraddizioni insite nelle relazioni umane.

Inoltre, il fratello di Kierkegaard, Peter Christian Kierkegaard, ebbe un ruolo nel plasmare il suo pensiero filosofico. Come pastore, Peter sostenne le attività letterarie del fratello, fornendogli assistenza finanziaria. Tuttavia, nutriva delle riserve sull'approccio non ortodosso di Søren alla teologia e alla fede, che poneva una tensione tra conformismo e individualità. La dissonanza nelle loro opinioni mise a dura prova la loro relazione, ma questa tensione contribuì alla comprensione di Kierkegaard della lotta dell'individuo contro la religione istituzionalizzata e le norme sociali. La critica di Kierkegaard alle istituzioni religiose in Aut-Aut riflette il suo rifiuto dell'idea che la fede possa essere mercificata o ridotta a pratiche esterne, sostenendo invece l'esperienza autentica e personale della propria relazione con Dio.

Inoltre, l'associazione di Kierkegaard con il filosofo e teologo danese Hans L. Martensen è significativa per comprendere il suo sviluppo intellettuale. Sebbene i due fossero inizialmente amici, la loro complessa relazione si deteriorò gradualmente man mano che divergevano nelle loro visioni filosofiche e teologiche. L'influenza di Martensen, sebbene fondamentale nel dare forma alla critica di Kierkegaard dell'hegelismo e delle tendenze filosofiche prevalenti, alimentò ulteriormente la sua appassionata ricerca dell'individualità, dell'autenticità e della natura soggettiva della verità. Lo scontro tra l'approccio più oggettivo e sistematico di Martensen alla filosofia e l'enfasi di Kierkegaard sulla soggettività e l'interiorità portò a una vivida esplorazione di questi temi in Aut-Aut.

Tuttavia, fu la tragica perdita della madre di Kierkegaard, Anne Sørensdatter Lund Kierkegaard, quando aveva solo cinque anni, ad avere un impatto ancora più profondo sul suo viaggio filosofico. La prematura scomparsa della madre lasciò un vuoto duraturo nella sua vita, spingendolo a riflettere sulle questioni esistenziali che circondano la vita, la morte e il lutto. Questa profonda esperienza di perdita e dolore alimentò la ricerca incessante di Kierkegaard di significato, scopo e fede. In Aut-Aut, Kierkegaard si confronta con il paradosso di un Dio amorevole che permette tale sofferenza e mette in discussione le implicazioni esistenziali di un mondo segnato da profonda perdita e dolore. Le sue esperienze personali gli forniscono una visione unica del desiderio umano di uno scopo e dell'intrinseca tensione tra fede e dubbio.

Inoltre, le battaglie personali di Kierkegaard con l'ansia e la depressione hanno influenzato significativamente le sue ricerche filosofiche sulla disperazione e sulla ricerca umana di significato. Per tutta la vita, ha dovuto fare i conti con intensi attacchi di ansia e periodi di profonda disperazione, che lo hanno lasciato isolato e disconnesso dal mondo che lo circondava. Queste lotte personali lo hanno costretto ad affrontare questioni di disperazione, speranza e ricerca di autenticità. In Aut-Aut, Kierkegaard dedica notevole attenzione all'esplorazione delle varie fasi dell'esistenza, da quella estetica a quella etica e religiosa, come potenziali percorsi verso la ricerca di significato e il superamento della disperazione.

Capitolo I
CONTESTO STORICO

La Danimarca nel XIX secolo ha sperimentato un mix di influenze culturali, derivanti dalla sua posizione unica di piccola nazione scandinava presa tra grandi potenze europee. La nazione ha subito significativi cambiamenti socio-economici e politici, passando da una società agraria preindustriale all'emergere di una classe media urbanizzata.

Intellettualmente, l'epoca fu segnata da una mutevole placca tettonica di idee e ideologie, che sfidava credenze e tradizioni radicate. L'Illuminismo ebbe un profondo impatto sulla società danese, introducendo nozioni di ragione, razionalità e scetticismo nei confronti delle credenze religiose tradizionali. Personaggi come Tommaso d'Aquino, Immanuel Kant e David Hume svolsero un ruolo fondamentale nel dare forma a queste tendenze filosofiche, che enfatizzavano il pensiero logico, l'osservazione empirica e l'indagine scientifica.

L'Illuminismo danese fu anche influenzato dal movimento tedesco Aufklärung, in particolare attraverso figure come Immanuel Kant. Filosofi, teologi e scienziati razionalisti iniziarono a mettere in discussione l'autorità della Chiesa e il potere assoluto delle monarchie, sostenendo la libertà individuale e la separazione dei poteri. Questo movimento razionalista cercò di liberare gli individui dalle catene della tradizione e del dogma religioso, incoraggiando una visione del mondo più laica e cosmopolita.

Tuttavia, l'Illuminismo non fu l'unica forza trainante dietro il clima intellettuale nella Danimarca del XIX secolo. Allo stesso tempo, la crescente influenza del Romanticismo sfidò il predominio della ragione enfatizzando passione, emozione ed esperienza individuale. Il Romanticismo celebrò la bellezza della natura, il sublime e la profondità delle emozioni umane, fornendo un contrappeso alle tendenze razionaliste.

In Danimarca, il Romanticismo fiorì tra la fine del XVIII e l'inizio del XIX secolo, con figure come Adam Oehlenschläger e Jens Baggesen a guidare la strada. Questi scrittori cercarono di catturare l'essenza dell'identità nazionale danese attraverso le loro opere, attingendo a eventi storici e folklore. Descrissero il paesaggio danese e la sua gente come profondamente connessi alla natura, al folklore e a una storia condivisa, coltivando un senso di orgoglio nazionale e unità.

Inoltre, l'effetto delle guerre napoleoniche sulla Danimarca non può essere sottovalutato per comprendere il clima culturale dell'epoca. La Danimarca, in quanto nazione neutrale, si è trovata inspiegabilmente intrappolata in una complessa rete di lotte politiche tra potenze europee. La perdita della Norvegia da parte della Svezia nel 1814 ha spinto all'introspezione e alla ricerca di una distinta identità nazionale danese.

Queste circostanze influenzarono notevolmente lo zeitgeist culturale, poiché intellettuali e artisti si confrontarono con questioni di patriottismo, identità nazionale e ruolo della Danimarca nel panorama europeo. La fioritura del nazionalismo danese durante questo periodo ebbe un profondo impatto sull'ambiente culturale e intellettuale del paese.

La posizione geografica unica della Danimarca, che comprende la penisola dello Jutland e numerose isole, ha ulteriormente plasmato il suo sviluppo culturale. Il mare ha sempre svolto un ruolo significativo nella storia e nell'identità danese, poiché i legami della nazione con il commercio marittimo e le tradizioni marinare erano significativi. Questo legame con il mare ha influenzato la letteratura, l'arte e la musica danesi, conferendo loro un carattere marittimo distinto.

Le opere di Hans Christian Andersen esemplificano questo spirito marittimo, poiché le sue fiabe attingono a temi nautici ed esplorano la condizione umana attraverso una narrazione fantastica. Le storie di Andersen riflettono spesso l'ambiguità della vita, l'imprevedibilità del mare e il potere dell'immaginazione umana di affrontare le prove e le tribolazioni dell'esistenza.

Dal punto di vista religioso, la Danimarca ha assistito a una tensione tra il luteranesimo tradizionale e le forze sia del secolarismo che del pietismo. La Chiesa luterana ha continuato a mantenere una presa significativa sulla società danese, ma è emersa una crescente insoddisfazione per i suoi dogmi e le sue rigide strutture. Il pietismo, un movimento revivalista che enfatizzava l'esperienza religiosa individuale, ha guadagnato terreno tra certi segmenti della popolazione e ha fatto da precursore per i successivi sviluppi religiosi.

È all'interno di questo complesso arazzo di influenze culturali, intellettuali e religiose che è emersa la filosofia di Søren Kierkegaard. I suoi scritti riflettono un profondo impegno con le questioni e i conflitti che hanno plasmato la Danimarca del XIX secolo. Mentre esaminava criticamente le correnti intellettuali prevalenti, Kierkegaard ha cercato di conciliare ragione e passione, tradizione e modernità e fede religiosa con le sfide della vita contemporanea.

Aut-Aut, un testo fondamentale nel corpus filosofico di Kierkegaard, mette in mostra le sue riflessioni sui dilemmi della scelta, dell'amore e delle relazioni, e l'angoscia esistenziale insita nella condizione umana. Nelle sue pagine, Kierkegaard naviga con competenza nei mari tempestosi della società danese del XIX secolo, offrendo intuizioni profonde sulle lotte esistenziali vissute da individui divisi tra varie pressioni sociali e che si sforzano di trovare un significato nella complessità dell'esistenza.

Principali eventi e movimenti storici:

Uno degli eventi più importanti che hanno plasmato la Danimarca nel XIX secolo sono state le guerre napoleoniche. Nel 1801 e nel 1807, la Danimarca fu attaccata dalla flotta britannica per neutralizzare la marina danese, ponendo così fine alla neutralità della Danimarca. Ciò ha portato a una serie di cambiamenti territoriali, poiché la Danimarca ha perso il possesso della Norvegia a favore della Svezia nel 1814. Le conseguenze delle guerre hanno lasciato un segno indelebile nel panorama socio-politico della Danimarca, portando a un ritrovato senso di identità nazionale e a un crescente desiderio di indipendenza politica.

Inoltre, la Danimarca nel XIX secolo fu segnata dall'emergere di diversi movimenti intellettuali e culturali che furono fortemente influenzati dal più ampio contesto europeo. Uno di questi movimenti fu il Romanticismo, che acquistò slancio dopo le guerre napoleoniche. Il Romanticismo enfatizzò l'importanza delle emozioni, dell'individualismo e di un legame con la natura e l'immaginazione. Kierkegaard, come molti dei suoi contemporanei, fu profondamente influenzato dal Romanticismo, come riflesso nella profondità emotiva e nell'introspezione presenti in Aut-Aut. Il movimento romantico in Danimarca fu particolarmente guidato da un gruppo di scrittori noti come scrittori dell'Età dell'Oro, che cercarono di catturare l'essenza della cultura e dell'identità danese attraverso le loro opere.

Un altro movimento significativo che ha svolto un ruolo cruciale nel plasmare il clima intellettuale dell'epoca è stato l'Illuminismo. Sebbene Kierkegaard abbia criticato molti ideali illuministi, come l'enfasi sulla ragione e la razionalità a scapito della soggettività individuale, è importante riconoscere l'impatto di questo movimento sulla società danese. L'Illuminismo ha portato avanti idee di progresso, secolarismo e messa in discussione delle credenze religiose tradizionali, preparando il terreno per l'esplorazione di Kierkegaard dell'esistenzialismo e della natura della fede in Aut-Aut. L'Illuminismo danese, noto anche come l'Età dell'Aufklärung, ha visto l'influenza di filosofi come Christian Frederik Hansen e Johann Friedrich Struensee, che sostenevano le riforme politiche e sociali.

Dal punto di vista socioeconomico, la Danimarca ha vissuto un periodo di transizione caratterizzato da urbanizzazione, industrializzazione e dall'emergere di una fiorente classe media. La rivoluzione industriale ha avuto un impatto sulla società danese, portando a una rapida crescita urbana e al passaggio da un'economia basata sull'agricoltura a una più industrializzata. Questa trasformazione ha portato nuove dinamiche sociali, sfide e opportunità per gli individui, tutte echeggiate nei temi dell'identità, delle convenzioni sociali e delle distinzioni di classe esplorati da Kierkegaard in Aut-Aut. L'ascesa della borghesia e l'espansione del commercio e dell'industria hanno portato prosperità economica e il desiderio di mobilità sociale ascendente, ma hanno anche contribuito a un crescente divario tra le diverse classi sociali, che Kierkegaard ha osservato e criticato attentamente nelle sue opere.

Politicamente, la Danimarca ha assistito a una serie di cambiamenti significativi durante il XIX secolo. Nel 1849, fu istituita una monarchia costituzionale, che segnò una transizione verso un sistema di governo più democratico. Emersero e si scontrarono ideologie politiche come il liberalismo e il conservatorismo, riflettendo il più ampio panorama politico europeo dell'epoca. Questi cambiamenti e dibattiti politici influenzarono la società danese e contribuirono al fermento intellettuale che Kierkegaard, un attento osservatore dei suoi contemporanei, cercò di affrontare in Aut-Aut. La scena politica danese fu caratterizzata da personaggi come Orla Lehmann, che sosteneva le riforme liberali, e Ditlev Gothard Monrad, un nazionalista conservatore che svolse un ruolo chiave nella stesura della costituzione danese.

Dal punto di vista religioso, la Danimarca rimase prevalentemente una società luterana, con la Chiesa evangelica luterana danese come chiesa di stato. Tuttavia, l'influenza delle idee illuministiche nella Danimarca del XIX secolo portò a un crescente scetticismo religioso e a domande esistenziali riguardanti la fede e la religione. La lotta di Kierkegaard con la fede, che è un tema centrale in Aut-Aut, riflette la più ampia crisi esistenziale vissuta dagli individui alle prese con il mutevole clima intellettuale dell'epoca. È essenziale notare che la critica di Kierkegaard alla chiesa istituita non era semplicemente un rifiuto della religione, ma un appello a una relazione più autentica e individualistica con Dio.

Influenza del Romanticismo e dell'Illuminismo:

Il XIX secolo ha segnato un cambiamento significativo nei movimenti culturali e intellettuali, con il Romanticismo e l'Illuminismo che hanno svolto un ruolo di primo piano nel plasmare il panorama filosofico e artistico. Entrambi questi movimenti hanno esercitato una profonda influenza sul pensiero di Søren Kierkegaard, in particolare nel suo capolavoro Aut-Aut.

Il Romanticismo, emerso alla fine del XVIII secolo, segnò una ribellione contro l'approccio razionalista dell'Illuminismo. Sottolineò l'esperienza soggettiva, le emozioni, l'intuizione e l'individualismo. I pensatori romantici cercarono di far rivivere l'immaginazione ed esplorare i misteri dell'anima umana. In Aut-Aut, Kierkegaard incorpora diversi elementi chiave del Romanticismo, come la sua esplorazione delle esperienze soggettive e delle emozioni umane.

Un modo in cui Kierkegaard riflette lo spirito romantico è attraverso l'uso di pseudonimi in Aut-Aut. Utilizza brillantemente diversi personaggi inventati per presentare diverse sfaccettature dell'esistenza umana e per evidenziare la molteplicità di prospettive che si possono avere sulla vita. Questa tecnica ha permesso a Kierkegaard di impegnarsi profondamente con l'esperienza soggettiva dell'individuo e le complesse dinamiche delle relazioni umane.

Una delle preoccupazioni principali di Kierkegaard in Aut-Aut è la natura delle sfere estetiche ed etiche dell'esistenza. Nella prima parte del libro, denominata Estetica, egli si addentra nel regno dell'esperienza soggettiva e sottolinea il ruolo della passione, del desiderio e dell'estetica nella vita umana. Attraverso il personaggio di A, Kierkegaard esplora la ricerca del piacere e la ricerca costante di novità che caratterizza la vita estetica.

Nella sfera estetica, Kierkegaard incorpora anche i temi dell'ironia e dell'umorismo. L'ironia, per Kierkegaard, è uno strumento potente che consente agli individui di prendere le distanze dalle pressioni e dalle aspettative della società, consentendo loro di vivere vite autentiche. Abbracciando l'ironia, gli individui possono esaminare criticamente le norme e i valori convenzionali, mettendo in discussione la loro verità intrinseca e trovando il proprio percorso verso la realizzazione.

Tuttavia, Kierkegaard non presenta la sfera estetica come il modo ultimo di esistere. Ne riconosce i limiti e la vede come un semplice trampolino di lancio verso una forma di esistenza più profonda. È qui che entra in gioco l'influenza dell'Illuminismo.

L'Illuminismo, emerso nel XVII e XVIII secolo, fu caratterizzato da un'attenzione alla ragione, all'indagine scientifica e al progresso umano. Questo periodo segnò un significativo spostamento verso una prospettiva più secolare e razionale, sfidando l'autorità religiosa e morale tradizionale. Kierkegaard fu profondamente critico nei confronti degli ideali dell'Illuminismo, sostenendo che un approccio puramente razionale alla vita trascura le dimensioni esistenziali essenziali che costituiscono l'esperienza umana.

In Aut-Aut, Kierkegaard critica l'attenzione dell'Illuminismo sulla sola ragione. Sostiene che un approccio puramente razionale non riesce a riconoscere i profondi dilemmi esistenziali che gli individui affrontano e il processo decisionale morale. Kierkegaard sostiene che l'esistenza umana è intrinsecamente soggettiva e non può essere adeguatamente compresa attraverso la sola analisi razionale.

Per Kierkegaard, la sfera etica fornisce un necessario contrappeso al regno estetico. Esplorata nella seconda parte di Aut-Aut, la sfera etica si concentra sulle nozioni di dovere, responsabilità e sviluppo del proprio carattere. Per vivere una vita etica, secondo Kierkegaard, bisogna impegnarsi nell'auto-riflessione e fare scelte basate su principi etici universali piuttosto che su desideri personali.

Incorporando elementi sia del Romanticismo che dell'Illuminismo nella sua opera, Kierkegaard affronta le tensioni tra esperienza soggettiva e razionalità. Sostiene una comprensione più olistica dell'esistenza umana, che combina ragione ed emozione e riconosce l'importanza della soggettività individuale.

Capitolo II
SVILUPPO SOCIALE

La Danimarca del XIX secolo era caratterizzata da un forte senso di gerarchia sociale e distinzioni di classe. In cima alla scala sociale c'era l'aristocrazia, composta da famiglie nobili che avevano accumulato ricchezza e potere significativi nel corso delle generazioni. Possedevano vaste tenute, esercitavano un'influenza dominante sulla politica e sull'economia e mantenevano circoli sociali esclusivi all'interno delle loro sontuose dimore. L'aristocrazia si affermò come custode della tradizione e della cultura danese. La sua esistenza era caratterizzata da privilegi, opulenza e aderenza ai più alti standard di decoro ed etichetta.

Al di sotto dell'aristocrazia, esisteva la classe borghese, che comprendeva la classe media emergente. Questo gruppo era composto da commercianti, professionisti e imprenditori di successo che avevano accumulato ricchezza attraverso le loro iniziative imprenditoriali. La borghesia prosperò quando la Rivoluzione industriale prese piede in Danimarca. Questo periodo di crescita economica creò un ambiente favorevole all'imprenditorialità e al commercio. Tuttavia, mentre la borghesia deteneva il potere economico e aspirava a raggiungere uno status sociale, spesso affrontava sfide nell'ottenere lo stesso status elevato dell'aristocrazia. La piena accettazione nei circoli sociali d'élite richiedeva una discendenza specifica e un background nobile, di cui la borghesia generalmente era priva. Nonostante il loro successo finanziario, lottavano con un perpetuo senso di status sociale insoddisfatto.

Al gradino più basso della scala sociale c'erano la classe operaia e i contadini, che costituivano la maggioranza della popolazione. Questi individui spesso sopportavano difficoltà economiche e vivevano in povertà, lottando per arrivare a fine mese. Lavoravano instancabilmente nelle fabbriche, nei campi e nelle famiglie, ricevendo salari miseri e affrontando condizioni di lavoro precarie. I contadini, residenti prevalentemente nelle aree rurali, lavoravano duramente come mezzadri nelle tenute dell'aristocrazia, alle prese con le sfide di un'economia agricola che stava diventando sempre più poco redditizia. La classe operaia e i contadini avevano un accesso limitato all'istruzione e alle opportunità di lavoro, spesso perpetuando un ciclo di povertà da una generazione all'altra. Erano in gran parte dipendenti dall'aristocrazia e dalla borghesia per il loro sostentamento e benessere.

Le norme e le aspettative sociali della Danimarca del XIX secolo influenzarono pesantemente il comportamento e le interazioni individuali. L'aristocrazia, in quanto incarnazione della tradizione e della raffinatezza, ebbe un'enorme influenza sulle norme culturali e sociali, rafforzando le strutture gerarchiche e una rigorosa aderenza al decoro. Stabilirono gli standard per la moda, le buone maniere e i codici di condotta appropriati, e la loro influenza permeò la società danese. Questo ordine sociale creò un senso di rigidità e conformismo, rendendo difficile per gli individui sfidare o liberarsi dai ruoli prescritti dettati dalla loro classe sociale.

Cresciuto a Copenaghen, la capitale della Danimarca e un focolaio di attività intellettuale e culturale, Kierkegaard è stato esposto alla società danese. Ha osservato in prima persona le divisioni tra aristocrazia, borghesia e classe operaia, così come le lotte che gli individui hanno dovuto affrontare per superare queste barriere sociali. Le norme sociali prevalenti e le divisioni di classe avrebbero senza dubbio plasmato la sua comprensione della natura umana e influenzato le sue esplorazioni filosofiche riguardanti la libertà individuale, l'autenticità e le sfide inerenti alle aspettative sociali.

Le opere filosofiche di Kierkegaard, come Aut-Aut, possono essere viste come una risposta diretta ai vincoli e alle tensioni sociali che ha osservato nella Danimarca del XIX secolo. Il suo esame della lotta dell'individuo per trovare significato e autenticità all'interno di una società che enfatizzava il conformismo e i ruoli sociali è profondamente intrecciato con il contesto sociale dell'epoca. Kierkegaard sfida i lettori a riflettere sulla natura delle aspettative sociali, sull'identità individuale e sulla ricerca della libertà personale in un mondo vincolato da gerarchie e norme sociali.

Movimenti sociali e clima intellettuale:

La Danimarca di Kierkegaard era una nazione che stava attraversando profonde trasformazioni sociali e politiche, passando da una società feudale a uno stato più moderno e industrializzato. Questo periodo vide l'emergere di diversi movimenti sociali che cercarono di affrontare vari aspetti della società, tra cui diseguaglianza, istruzione e diritti dei lavoratori. Questi movimenti furono influenzati da idee sia locali che internazionali, plasmando in modo significativo il clima intellettuale dell'epoca.

Uno dei movimenti sociali più influenti dell'epoca fu il movimento operaio danese, che emerse in risposta alla rapida industrializzazione e al crescente sfruttamento dei lavoratori. Con la proliferazione delle fabbriche e l'espansione dei centri urbani, i lavoratori affrontarono condizioni difficili caratterizzate da lunghe ore, salari bassi e ambienti di lavoro pericolosi. In risposta, vennero formati sindacati, che sostenevano salari migliori, orari di lavoro ridotti e migliori misure di sicurezza. Il movimento operaio spinse anche per la contrattazione collettiva e le riforme sociali, sfidando di fatto l'ordine sociale ed economico prevalente.

Allo stesso tempo, il movimento per i diritti delle donne danesi acquistò slancio durante questo periodo. Le donne danesi furono ispirate dall'ondata di idee femministe che si stava diffondendo in tutta Europa e iniziarono a organizzarsi e a lottare per i propri diritti. Queste donne chiedevano accesso all'istruzione, opportunità di lavoro e partecipazione politica. Il movimento delle donne svolse un ruolo fondamentale nel mettere in discussione i ruoli di genere tradizionali e nel sostenere i diritti di uguaglianza, aprendo la strada a importanti cambiamenti sociali.

Parallelamente a questi movimenti, anche il clima intellettuale della Danimarca del XIX secolo stava subendo cambiamenti significativi. La transizione della Danimarca da una società prevalentemente agricola a una industrializzata portò a profondi cambiamenti nei modi di pensare delle persone. Gli intellettuali, ispirati da nozioni di progresso, uguaglianza e individualismo, iniziarono a mettere in discussione e sfidare le norme sociali consolidate e le strutture di autorità tradizionali. Svolsero un ruolo cruciale nella diffusione e nello sviluppo di idee relative a questioni politiche, sociali ed etiche.

In questo periodo fiorirono salotti intellettuali e circoli letterari, offrendo spazi per lo scambio di idee e promuovendo la ricerca intellettuale. Scrittori, poeti e filosofi di spicco del periodo si impegnarono in vivaci dibattiti, spingendo i confini del pensiero accettato. Personaggi come Hans Christian Andersen, famoso per le sue fiabe, e Nikolaj Frederik Severin Grundtvig, un influente teologo, stimolarono la curiosità intellettuale, spinsero il pensiero critico e contribuirono alla formazione di nuovi movimenti filosofici e letterari.

La natura interdisciplinare di queste discussioni ha permesso l'impollinazione incrociata di idee tra diversi domini di conoscenza, dando origine a nuove prospettive e a un pensiero innovativo. L'influenza della filosofia tedesca, in particolare delle idee di Immanuel Kant e Georg Wilhelm Friedrich Hegel, insieme a correnti intellettuali europee più ampie, ha svolto un ruolo significativo nel plasmare il clima intellettuale della Danimarca del XIX secolo.

In questo vivace ambiente intellettuale, Søren Kierkegaard, uno dei più noti filosofi danesi, emerse come una voce distintiva. Si scontrò con questioni esistenziali e sviluppò il suo approccio filosofico unico, traendo ispirazione dai dibattiti e dalle idee che circolavano nei movimenti sociali e nei circoli intellettuali del suo tempo.

Ruolo dell'istruzione e dell'alfabetizzazione:

All'epoca, l'istruzione in Danimarca era altamente stratificata, strettamente legata alla classe sociale e ai privilegi. Le classi superiori, tra cui l'aristocrazia e la borghesia, erano le principali beneficiarie dell'istruzione formale. Avevano accesso a prestigiose istituzioni che fornivano istruzione specializzata in varie discipline, avviandole verso professioni stimate. Al contrario, le classi inferiori, come i braccianti agricoli o gli operai delle fabbriche, avevano un accesso limitato o nullo all'istruzione, perpetuando le divisioni sociali basate sull'istruzione e sullo status sociale.

Il sistema educativo della Danimarca del XIX secolo si concentrava sulla formazione specializzata per campi specifici, come legge, teologia e medicina. Questo approccio professionale dava priorità alle competenze pratiche richieste per particolari occupazioni, ma spesso trascurava l'istruzione più ampia nelle arti liberali. Pertanto, mentre i privilegiati ricevevano una conoscenza e una formazione approfondite nelle discipline da loro scelte, spesso mancavano di un'istruzione completa che promuovesse il pensiero critico e l'ampiezza delle conoscenze in altri ambiti.

Una conseguenza allarmante della limitata disponibilità di istruzione era il tasso di alfabetizzazione relativamente basso tra la popolazione generale. La capacità di leggere e scrivere era in gran parte un privilegio dell'élite istruita, perpetuando ulteriormente il divario sociale. L'accesso alla conoscenza era limitato poiché libri, giornali e altre fonti di informazione non erano ampiamente accessibili. Di conseguenza, una parte considerevole della popolazione rimase disconnessa dagli sviluppi intellettuali e culturali più ampi dell'epoca.

L'accesso limitato all'istruzione e all'alfabetizzazione ha avuto profonde implicazioni per la società. Ha ostacolato la mobilità sociale, poiché agli individui delle classi inferiori è stata negata l'opportunità di acquisire le competenze e le conoscenze necessarie per l'avanzamento sociale. Questa concentrazione del privilegio educativo all'interno di pochi privilegiati non solo ha rafforzato la gerarchia sociale esistente, ma ha anche limitato il potenziale per il progresso sociale e l'illuminazione collettiva.

In questo contesto, emerse la comprensione di Kierkegaard dell'istruzione e dell'alfabetizzazione. Come membro della classe privilegiata, riconobbe l'influenza del suo background educativo sul suo sviluppo filosofico. Tuttavia, sfidò l'approccio prevalente sostenendo che l'istruzione non dovesse essere orientata esclusivamente all'acquisizione di conoscenze e competenze specialistiche pertinenti a particolari professioni. Invece, Kierkegaard sostenne un'istruzione che desse priorità alla riflessione interiore, all'interiorità personale, al pensiero critico e all'autoconsapevolezza. Credeva che la vera istruzione dovesse dare potere agli individui per affrontare e gestire le complesse sfide esistenziali della vita, incoraggiando il pensiero indipendente e il processo decisionale.

Mentre l'istruzione e l'alfabetizzazione rimanevano limitate nella Danimarca del XIX secolo, le idee di Kierkegaard trascendevano le barriere. I suoi scritti, tra cui Aut-Aut, cercavano di rendere idee complesse accessibili a un pubblico più ampio, colmando il divario tra l'élite istruita e coloro che non avevano un'istruzione formale. Kierkegaard mirava a provocare una riflessione critica su questioni esistenziali, sfidando le norme stabilite e accendendo la curiosità intellettuale anche tra coloro che non avevano il privilegio dell'istruzione.

Nei tempi moderni, il ruolo dell'istruzione e dell'alfabetizzazione ha subito una significativa trasformazione. L'accesso all'istruzione è diventato più diffuso e i tassi di alfabetizzazione sono aumentati drasticamente. I moderni sistemi educativi enfatizzano lo sviluppo olistico, coltivando non solo competenze specialistiche ma anche pensiero critico, creatività e adattabilità. L'attenzione si è spostata verso l'empowerment degli individui, indipendentemente dal loro background sociale, per impegnarsi attivamente con idee complesse, contribuire al progresso della società e perseguire la crescita personale.

Capitolo III
EVENTI POLITICI

Il Congresso di Vienna del 1815, che mirava a ridisegnare la mappa europea dopo la caduta di Napoleone, ebbe un impatto di vasta portata sul panorama politico della Danimarca. Il conseguente spostamento dei confini e delle dispute territoriali, in particolare la questione dello Schleswig-Holstein, pose sfide significative per la nazione.

La questione dello Schleswig-Holstein era una questione complessa che derivava dai legami storici tra la Danimarca, i ducati di Schleswig e Holstein e la Confederazione tedesca. Il controllo della Danimarca su questi territori scatenò tensioni con la Prussia e la più ampia Confederazione tedesca, che sostenevano che i ducati avrebbero dovuto essere sotto il loro controllo. Questa disputa territoriale divenne un catalizzatore per i sentimenti nazionalisti in Danimarca e intensificò le divisioni politiche all'interno del paese.

In questo periodo iniziarono a emergere movimenti nazionalisti, che promuovevano l'idea di identità e indipendenza danese. Ispirati dagli ideali della Rivoluzione francese, questi movimenti cercarono di creare una nazione danese più equa e unita. Personaggi come NFS Grundtvig, un importante teologo, poeta e scrittore, contribuirono al discorso nazionalista sottolineando l'importanza della cultura e della lingua danese. Gli influenti scritti e sermoni di Grundtvig sottolinearono il ruolo della lingua e del folklore danesi nel plasmare l'identità nazionale e ispirarono un senso di orgoglio e unità tra il popolo danese.

Nel frattempo, i dibattiti politici in Danimarca si incentravano sul conflitto tra idee assolutiste e liberali. Gli assolutisti sostenevano il mantenimento delle tradizionali gerarchie sociali e il continuo governo forte della monarchia. Credevano che il monarca dovesse possedere un potere considerevole per garantire stabilità e governo efficace. L'assolutismo trovò sostegno tra la nobiltà e i conservatori, che temevano che le riforme democratiche avrebbero portato a sconvolgimenti sociali e perdita di privilegi.

Dall'altro lato dello spettro, i pensatori liberali sostenevano le riforme democratiche, un suffragio più ampio e la limitazione dei poteri della monarchia. Cercavano di stabilire un sistema politico più rappresentativo che affrontasse la disuguaglianza sociale e fornisse migliori opportunità a tutti i cittadini. Le idee liberali guadagnarono terreno tra la fiorente classe media e gli intellettuali progressisti che desideravano una società più inclusiva ed egualitaria.

L'inizio del XIX secolo vide anche l'introduzione di riforme costituzionali in Danimarca. La Costituzione della Danimarca, approvata nel 1849, segnò una svolta significativa nella politica danese. Stabilì una monarchia costituzionale e conferì maggiori poteri al parlamento, noto come Rigsdag, che consisteva nel Folketing (che rappresentava la gente comune) e nel Landsting (che rappresentava la nobiltà e le classi sociali più elevate). Questa transizione dal governo assoluto a una monarchia costituzionale aprì la strada a ulteriori cambiamenti politici e a una distribuzione più equilibrata del potere tra i diversi gruppi sociali.

Il periodo vide anche l'emergere di partiti politici mentre venivano gettate le basi di un sistema partitico più organizzato. I due principali gruppi politici erano gli Højre (destra) e i Venstre (sinistra). Gli Højre, guidati da personaggi come DG Monrad, rappresentavano interessi conservatori e miravano a preservare istituzioni e valori tradizionali. Cercavano di mantenere una monarchia forte e sostenere i privilegi delle classi superiori. D'altro canto, i Venstre, guidati da personaggi come CC

Hall e Christen Berg, rappresentavano idee liberali e progressiste, sostenendo riforme democratiche, uguaglianza sociale e migliori condizioni di lavoro.

Inoltre, è fondamentale considerare il contesto europeo più ampio quando si analizza il panorama politico della Danimarca del XIX secolo. Il paese non era isolato dai movimenti intellettuali e politici che attraversarono il continente durante questo periodo. Gli ideali della Rivoluzione francese e dell'Illuminismo, insieme al nuovo ordine politico globale emerso dopo il Congresso di Vienna, ebbero un profondo impatto sulla politica e sulla cultura danesi. Gli intellettuali e i politici danesi furono influenzati da idee di nazionalismo, democrazia e diritti individuali che stavano guadagnando terreno in tutta Europa.

Eventi come le rivoluzioni del 1848, che travolsero diversi paesi europei, tra cui la Danimarca, con richieste di cambiamento politico e sociale, giocarono un ruolo significativo nel plasmare la politica danese. Le rivoluzioni furono guidate da appelli alla democrazia, alla sovranità nazionale e alla giustizia sociale. In Danimarca, individui e gruppi furono ispirati da queste idee per sostenere le riforme politiche.

Comprendere il panorama politico della Danimarca del XIX secolo consente di apprezzare più a fondo il clima intellettuale e sociale in cui vissero e scrissero personaggi influenti come Søren Kierkegaard. Le idee filosofiche ed esistenziali di Kierkegaard furono senza dubbio influenzate dai dibattiti politici e dagli eventi del suo tempo. Addentrandoci in questo contesto storico, otteniamo preziose intuizioni sulla critica di Kierkegaard delle condizioni sociali e politiche esistenti e sulla sua visione di libertà e responsabilità individuali.

Idee e movimenti politici:

La Danimarca ai tempi di Kierkegaard era segnata da una lotta tra le forze conservatrici tradizionali e i liberali progressisti. Il paese stava passando da una monarchia assoluta a una monarchia costituzionale, portando a dibattiti e conflitti sul ruolo appropriato dello Stato e sui diritti individuali.

Un movimento politico di spicco durante questo periodo fu quello dei Radical Liberals, che sostenevano le riforme democratiche e il suffragio universale. Ispirati dagli ideali della Rivoluzione francese, credevano nel potere del popolo e cercavano di limitare l'autorità della monarchia. La loro influenza e le loro richieste di riforma politica incontrarono la resistenza delle forze conservatrici.

Kierkegaard osservò attentamente la crescente influenza dei Radical Liberals e il loro impatto sulla società. Riconobbe la loro enfasi sulla libertà personale e sui diritti individuali, e il loro desiderio di dare potere alla gente comune. Tuttavia, in quanto profondo pensatore e critico della società di massa, Kierkegaard nutriva delle riserve sui pericoli di una democrazia sfrenata.

Credeva che le masse, guidate dalle loro passioni piuttosto che dalla ragione, potessero essere facilmente influenzate dai demagoghi e cadere preda della tirannia del governo della maggioranza. Kierkegaard vide il potenziale per il vero sé dell'individuo di essere sopraffatto dalle richieste e dalle opinioni della folla. Temeva che la democrazia, senza una solida base morale, potesse portare a una società basata esclusivamente su passioni superficiali, priva di profondità e autenticità.

D'altro canto, il conservatorismo continuava a dominare, in particolare tra l'aristocrazia e l'influente classe dei proprietari terrieri. Questi conservatori cercavano di mantenere le strutture di potere tradizionali e resistevano alle diffuse riforme democratiche. Kierkegaard, essendo nato in una famiglia benestante, fu esposto al discorso politico conservatore e alla sua difesa della gerarchia e dell'autorità tradizionali.

Tuttavia, l'impegno di Kierkegaard con il conservatorismo non fu un'adesione cieca. Riconobbe i limiti del conservatorismo nel perpetuare le disuguaglianze sociali e soffocare il progresso. Si chiese se la conservazione della tradizione dovesse essere prioritaria rispetto alla ricerca della giustizia e dell'uguaglianza. Kierkegaard credeva che una società veramente giusta e fiorente richiedesse un equilibrio tra tradizione e progresso, assicurando che la conservazione del passato non ostacolasse le trasformazioni necessarie per un futuro migliore.

Inoltre, il clima politico della Danimarca fu anche fortemente influenzato da movimenti europei più ampi. Gli eventi della Rivoluzione francese e le successive guerre napoleoniche ebbero un profondo impatto sul pensiero politico in tutto il continente. Idee di nazionalismo, liberalismo e socialismo trovarono la loro strada nei circoli intellettuali danesi, sfidando le strutture di potere esistenti e chiedendo riforme.

Kierkegaard, pur non allineandosi a nessun movimento politico specifico, era profondamente coinvolto in queste idee e nelle loro implicazioni per la società. Credeva che il progresso sociale non potesse essere separato dalla responsabilità morale individuale. Riconobbe che un vero cambiamento trasformativo richiedeva sia l'azione collettiva che la riflessione personale.

In Aut-Aut, Kierkegaard esplora temi di etica personale, responsabilità sociale e ruolo dell'individuo nella vita politica. Critica sia il radicalismo dell'epoca, che vedeva come una minaccia all'individualità e alla fede religiosa, sia il conservatorismo che cercava di preservare l'ordine esistente senza spazio per il progresso.

Attraverso la sua analisi sfumata di idee e movimenti politici, Kierkegaard sfida i lettori a considerare la vita politica e la necessità di una riflessione morale ed etica. Ci esorta ad affrontare la tensione tra libertà individuale e responsabilità collettiva, incoraggiandoci a impegnarci in un dialogo e in un'azione ponderati che promuovano la giustizia, l'uguaglianza e la ricerca della verità.

Le opinioni di Kierkegaard sulla politica e sulla società:

La visione di Kierkegaard sulla politica era complessa, e trovava un equilibrio tra il riconoscimento della sua importanza e la sua insoddisfazione per i suoi limiti. Comprendeva il significato dei sistemi politici nel plasmare il tessuto della società, ma rimaneva critico nei confronti dei loro difetti intrinseci e del potenziale di corruzione. Kierkegaard credeva che le strutture politiche spesso dessero priorità agli interessi della maggioranza, trascurando il significato della libertà individuale e dell'esistenza autentica.

Una delle preoccupazioni centrali che Kierkegaard espresse sulla politica era la questione del conformismo. Nella sua critica, sosteneva che i partiti politici e le ideologie imponevano spesso una richiesta di conformismo agli individui, costringendoli a limitarsi entro insiemi predeterminati di credenze e valori. Secondo Kierkegaard, questo conformismo forzato soffocava la vera individualità degli individui e limitava la possibilità di autentiche scelte personali. Sosteneva che la libertà autentica e la ricerca di un'esistenza autentica potevano essere raggiunte solo resistendo attivamente alle pressioni del conformismo e abbracciando la propria prospettiva unica.

Un'analisi più approfondita dei pensieri di Kierkegaard sulla società rivela le sue profonde preoccupazioni sui valori e le norme sociali che informano e influenzano i sistemi politici.

Secondo lui, la società moderna, con la sua enfasi sul materialismo, la superficialità e le misure esterne del successo, non è riuscita a nutrire la vita interiore dell'individuo. Questa attenzione culturale all'esterno ha impedito un'auto-riflessione più profonda e un autentico impegno con le questioni esistenziali essenziali che definiscono l'esistenza umana.

Kierkegaard vedeva la società come una società che trascurava le dimensioni più profonde dell'esperienza umana, come l'introspezione, la crescita spirituale e la ricerca di connessioni significative. Criticava l'ossessione per la superficialità e la ricerca incessante della ricchezza, sostenendo che queste distrazioni impediscono agli individui di impegnarsi in una vera introspezione e in ultima analisi ostacolano la loro capacità di condurre una vita appagante.

Inoltre, la critica di Kierkegaard alla gerarchia sociale era anche prominente nei suoi scritti. Considerava la rigida struttura di classe prevalente nella Danimarca del XIX secolo, e altrove, come una barriera significativa all'esistenza autentica. Il sistema gerarchico perpetuava la disuguaglianza e ostacolava le opportunità di crescita personale. Kierkegaard credeva che il vero progresso sociale e la realizzazione del potenziale umano potessero verificarsi solo smantellando queste barriere e promuovendo una società più egualitaria. La disuguaglianza intrinseca presente nelle strutture sociali era antitetica alla nozione di libertà individuale e vita autentica di Kierkegaard.

Inoltre, la prospettiva di Kierkegaard sulla politica e la società conteneva elementi di angoscia esistenziale e la ricerca di un significato personale. Egli lamentava la perdita di un autentico senso di sé, poiché gli individui definivano sempre più le loro identità attraverso misure esterne come le aspettative sociali, il successo professionale o i beni materiali. Sosteneva che questa attenzione esterna impediva agli individui di confrontarsi con le questioni fondamentali dell'esistenza, come il significato della vita e il loro scopo al suo interno.

È importante notare che la critica di Kierkegaard alla politica e alla società non implicava un completo ritiro dall'impegno. Nonostante il suo scetticismo nei confronti del regno politico, riconosceva l'importanza della responsabilità e dell'azione individuali. Kierkegaard esortava gli individui ad assumersi la responsabilità delle proprie vite, a fare scelte consapevoli e a impegnarsi con la società alle proprie condizioni. Sottolineava l'importanza dell'integrità personale e della ricerca di valori genuini nel panorama politico. Per Kierkegaard, la vera trasformazione richiederebbe agli individui di partecipare attivamente nel portare un cambiamento positivo, pur rimanendo fedeli alle proprie convinzioni e rimanendo vigili contro le pressioni sistemiche del conformismo.

Capitolo IV
SITUAZIONE RELIGIOSA

L'influenza della Chiesa luterana, come chiesa di stato sin dalla Riforma, si estese oltre le questioni spirituali, permeando vari aspetti della vita danese. I suoi insegnamenti e valori guidavano la condotta morale, l'istruzione, la gerarchia sociale e persino il processo decisionale politico. Il clero, in quanto rappresentanti della chiesa, deteneva un'autorità significativa e spesso agiva come autorità morali all'interno delle comunità locali, fornendo guida spirituale e partecipando agli affari pubblici.

Tuttavia, all'interno del più ampio contesto del luteranesimo, il XIX secolo vide l'emergere di vari movimenti teologici che sfidavano le pratiche e le dottrine religiose tradizionali. Questi movimenti offrivano interpretazioni alternative della fede, enfatizzando la pietà personale, le esperienze emotive e un approccio più individualistico alla spiritualità.

Un movimento influente durante questo periodo fu il pietismo. Il pietismo guadagnò popolarità tra gli individui che cercavano una forma di espressione religiosa più sentita ed esperienziale. I pietisti sottolineavano l'importanza di una connessione personale ed emotiva con Dio, rifiutando rituali formalistici e teologia intellettualizzata. Questo movimento incoraggiava incontri diretti e individuali con il divino, sostenendo atti di carità, introspezione spirituale e adorazione appassionata.

In contrasto con il conservatorismo luteranesimo e il pietismo, altri movimenti religiosi guadagnarono terreno in tutta la Danimarca. Il metodismo, che ebbe origine in Inghilterra sotto la guida di John Wesley, arrivò in Danimarca all'inizio del XIX secolo. I metodisti enfatizzavano la predicazione entusiasta, il canto sentito e le esperienze di conversione personale. La loro attenzione al fervore evangelico, unita alla fede nella giustizia sociale, attrasse seguaci che cercavano un'esperienza spirituale più trasformativa ed egualitaria.

Inoltre, il XIX secolo vide l'ascesa del movimento battista in Danimarca. I battisti rifiutarono il battesimo infantile e sottolinearono la conversione personale seguita dal battesimo degli adulti come aspetti essenziali della fede cristiana. Ispirati da un impegno per la libertà religiosa e la coscienza individuale, i battisti cercarono di stabilire congregazioni separate dalla chiesa di stato.

L'arrivo di questi nuovi movimenti religiosi ha contribuito a un panorama religioso più pluralistico in Danimarca, sfidando il predominio del luteranesimo ortodosso. La crescente diversità di credenze religiose ha esposto i danesi a una gamma più ampia di pratiche spirituali e possibilità teologiche, alimentando dibattiti e discussioni sulla natura della fede e sul ruolo della religione nella società.

Nonostante l'emergere di questi movimenti alternativi, la Chiesa luterana mantenne la sua posizione privilegiata di chiesa di stato, una posizione che ebbe conseguenze sullo status sociale e sull'accesso a certi privilegi. La sua connessione con lo stato fornì stabilità e influenza in un'epoca caratterizzata da cambiamenti sociali e dalla diffusione di idee secolari. Questa connessione portò anche a dibattiti sulla relazione tra chiesa e stato, sulla libertà religiosa e sui diritti delle voci dissenzienti.

In questo contesto religiosamente diversificato, Søren Kierkegaard, un rinomato filosofo, teologo e critico danese, emerse come una figura significativa. Le esperienze personali di Kierkegaard e le sue riflessioni sulla religione e sulla società influenzarono profondamente i suoi scritti filosofici e teologici.

Nato in una devota famiglia luterana, Kierkegaard sperimentò una tensione tra la natura formalizzata della chiesa istituita e il suo desiderio di una fede più autentica e interiore. Esaminò criticamente i modi in cui l'istituzionalizzazione della religione avrebbe potuto potenzialmente ostacolare le esperienze religiose genuine, invocando un approccio più sincero e appassionato alla spiritualità.

La critica di Kierkegaard alla chiesa istituita risuonava con i più ampi cambiamenti religiosi che avvenivano in Danimarca durante il suo periodo. Riconobbe il potenziale di movimenti religiosi come il pietismo, il metodismo e il battesimo per offrire percorsi alternativi a Dio, guidati dalla convinzione personale, dall'interiorità e dall'autenticità individuale. Kierkegaard apprezzò la sincerità e il fervore all'interno di questi movimenti, vedendoli come componenti vitali di una vera devozione cristiana.

Influenza del cristianesimo e delle istituzioni ecclesiastiche:

La fusione di Chiesa e Stato portò a una fusione di autorità religiosa e politica, in cui il clero ebbe un'influenza significativa sulle decisioni governative, sulla formazione delle politiche e sui valori sociali. Di conseguenza, l'impatto della Chiesa si estese ben oltre le questioni di fede, raggiungendo aree di governance e struttura sociale.

L'influenza della Chiesa sull'istruzione fu particolarmente profonda. Il sistema educativo danese fu fortemente influenzato dall'insegnamento religioso, con i principi della Chiesa integrati nei programmi di studio a tutti i livelli. L'istruzione religiosa era obbligatoria, assicurando che il cristianesimo rimanesse un aspetto fondamentale dell'identità danese. Il controllo della Chiesa sull'istruzione le consentì di plasmare le menti e le credenze delle generazioni future, rafforzando il suo predominio nella società.

Inoltre, la Chiesa fungeva da bussola morale della società danese. Stabilì e fece rispettare un rigido codice morale, plasmando i comportamenti e le norme sociali. Il clero svolse un ruolo centrale nel guidare le scelte morali degli individui, regolando la condotta personale e condannando le azioni ritenute moralmente sbagliate. Di conseguenza, la Chiesa esercitò potere sulla comunità, influenzando il comportamento e imponendo la conformità alle aspettative religiose.

Tuttavia, Kierkegaard contestò la natura istituzionalizzata e conformista del cristianesimo danese. Credeva che la Chiesa fosse diventata un mero riflesso delle norme sociali piuttosto che rappresentare una vera convinzione religiosa. Kierkegaard vide una vasta discrepanza tra gli insegnamenti di Cristo e l'attenzione della Chiesa sulle apparenze esteriori e sulle aspettative sociali. Sosteneva che la vera fede dovesse essere personale, trasformativa e incentrata su una relazione genuina con Dio.

Nelle pagine di Aut-Aut, Kierkegaard approfondisce la tensione intrinseca tra la fede e i vincoli imposti dalle norme sociali, prevalentemente influenzate dalla Chiesa. Sfida i lettori a riflettere su se stessi e a mettere in discussione l'autenticità della propria fede, incoraggiandoli a esaminare la misura in cui sono influenzati dalle aspettative esterne. Kierkegaard sostiene un approccio più personale e introspettivo alla spiritualità, esortando gli individui a intraprendere un viaggio interiore per cercare una relazione genuina con Dio, piuttosto che affidarsi esclusivamente a pratiche religiose esterne o pressioni sociali.

La critica di Kierkegaard alla Chiesa e la sua enfasi sulla fede personale trovarono riscontro in molti contemporanei che, come lui, erano disillusi dalle formalità e dai rituali del cristianesimo istituzionalizzato. Le sue idee scatenarono dibattiti intellettuali e contribuirono al dibattito in corso sul ruolo della religione nella società, sfidando in ultima analisi gli individui a rivalutare le proprie convinzioni e i propri valori.

Il rapporto di Kierkegaard con la religione:

L'esplorazione della religione da parte di Kierkegaard può essere tracciata attraverso le sue varie opere filosofiche, tra cui Aut-Aut, Timore e tremore e La malattia mortale. Sebbene non abbia rifiutato esplicitamente la religione, ha esaminato criticamente la comprensione tradizionale della fede e ha cercato di scoprirne il vero significato.

In Aut-Aut, Kierkegaard presenta una serie di personaggi immaginari che incarnano due prospettive contrastanti sulla vita: quella estetica e quella etica. Attraverso questi personaggi, Kierkegaard esplora i limiti di una vita orientata all'estetica, piena di piaceri mondani, e sottolinea l'importanza delle scelte etiche fondate sulla responsabilità personale.

Andando oltre una lente puramente estetica, Kierkegaard approfondisce i temi religiosi in Timore e tremore. Quest'opera si concentra sulla storia biblica di Abramo e sulla sua volontà di sacrificare il figlio Isacco in obbedienza a Dio. Attraverso l'esplorazione del dilemma di Abramo, Kierkegaard introduce il concetto di "sospensione teleologica dell'etica". Questa nozione suggerisce che ci sono norme etiche che possono essere trascese nel perseguimento di un ideale religioso superiore. L'atto di fede di Abramo diventa un esempio provocatorio del salto soggettivo della fede che Kierkegaard considera essenziale nella vera religiosità.

La malattia mortale amplia ulteriormente le riflessioni di Kierkegaard sul cristianesimo e l'esperienza umana. Qui, egli approfondisce il concetto di disperazione come aspetto fondamentale dell'esistenza umana. Kierkegaard sostiene che la disperazione deriva da una mancanza di allineamento tra il sé e il suo vero potenziale, che porta a un senso di alienazione e disconnessione. Egli postula che il rimedio alla disperazione risiede in un "risveglio religioso" in cui si riconosce la propria dipendenza ultima da un potere superiore e si abbraccia una relazione personale con Dio.

Nell'esplorazione della religione da parte di Kierkegaard, c'è un'enfasi distintiva sulla soggettività personale. Rifiuta la nozione che la religione possa essere ridotta a un insieme di verità oggettive o dottrine da accettare universalmente. Invece, ogni individuo è chiamato a impegnarsi in una ricerca personale di verità e significato, dove la fede è precisamente la risposta soggettiva dell'individuo al divino.

Nella sua critica alla religione organizzata, Kierkegaard mette in discussione la sua tendenza a dare priorità all'osservanza esterna e al conformismo piuttosto che alla vera trasformazione interiore. Sfida l'idea che la religiosità possa essere raggiunta solo attraverso norme e rituali sociali, sostenendo che necessita di un radicale salto di fede e di un impegno personale da parte dell'individuo. Kierkegaard esorta a tornare all'essenza della fede, dove la vera religiosità si basa sull'autentica autoriflessione dell'individuo e sul riconoscimento della propria condizione esistenziale.

L'esplorazione della religione da parte di Kierkegaard parla dell'angoscia esistenziale che spesso accompagna la ricerca umana di uno scopo e di un significato. Riconosce le tensioni e le incertezze intrinseche che derivano dall'abbracciare la fede, riconoscendo che l'ansia e la disperazione possono fungere da catalizzatori per una ricerca religiosa più profonda e una crescita spirituale.

Capitolo V
PAESAGGIO FILOSOFICO

Nel XIX secolo, la Danimarca ha vissuto un vivace panorama intellettuale, in cui varie scuole di pensiero filosofiche si sono contese il predominio e hanno plasmato il discorso del tempo. Søren Kierkegaard, considerato un filosofo e scrittore di grande influenza, ha svolto un ruolo fondamentale in questo ambiente culturale, impegnandosi e sfidando le idee prevalenti del suo tempo.

Una di queste scuole influenti fu l'idealismo tedesco, che annoverava filosofi come Immanuel Kant, Johann Gottlieb Fichte, Friedrich Wilhelm Joseph Schelling e Georg Wilhelm Friedrich Hegel tra i suoi principali sostenitori. L'idealismo tedesco poneva una forte enfasi sulla ragione e sulla ricerca della conoscenza come mezzo per comprendere la realtà e l'esistenza umana. Kierkegaard, profondamente influenzato da questa scuola, ne apprezzava l'esplorazione della soggettività individuale e dell'autocoscienza. Tuttavia, ne criticava anche la tendenza a dare priorità a concetti universali e sistemi astratti rispetto alle complessità e alle sfumature dell'esistenza individuale. A suo avviso, comprendere la vita umana richiedeva un esame delle esperienze e delle scelte concrete che definiscono la propria esistenza.

Le ricerche filosofiche di Kierkegaard gettarono le basi per quello che in seguito divenne noto come esistenzialismo, una scuola filosofica che emerse formalmente dopo il suo tempo. Nonostante non si definisse esplicitamente un esistenzialista, i suoi scritti esercitarono un'influenza significativa su questo movimento. L'esistenzialismo afferma che l'esistenza individuale precede l'essenza, sfidando la credenza nella natura umana predeterminata e sottolineando la responsabilità di ogni individuo nel creare un significato nella propria vita. Le opere di Kierkegaard sottolineavano l'importanza della scelta individuale, dell'impegno personale e della coltivazione di un'esistenza autentica. Cercò di colmare il divario tra sistemi filosofici astratti e la realtà concreta delle esperienze vissute, esortando gli individui ad affrontare i paradossi e le tensioni intrinseche nelle proprie vite.

Mentre l'esistenzialismo come scuola filosofica ha guadagnato importanza dopo Kierkegaard, le sue intuizioni sulla verità soggettiva e sul potere della scelta personale continuano a essere molto apprezzate oggi. Rifiutando la nozione di verità oggettiva, Kierkegaard ha sottolineato la natura soggettiva e personale della verità e del valore. Credeva che la relazione dell'individuo con la verità risiedesse nella sua interpretazione soggettiva e nell'impegno nei suoi confronti. Questa prospettiva contrasta fortemente con la credenza prevalente dell'Illuminismo nelle verità universali e oggettive. Attraverso opere come Timore e tremore e La malattia mortale, Kierkegaard ha esplorato la tensione tra i vincoli delle aspettative esterne e il bisogno di autenticità personale e autorealizzazione.

Da cristiano profondamente devoto, Kierkegaard integrò la sua fede con le sue ricerche filosofiche, dando origine allo sviluppo dell'esistenzialismo cristiano. In questa branca del pensiero esistenzialista, la fede non è una mera adesione alle dottrine religiose, ma una relazione intensamente vissuta con Dio. Secondo Kierkegaard, la fede genuina richiede un impegno personale, una lotta esistenziale costante e l'accettazione dei propri limiti individuali. Le sue opere, tra cui Aut-Aut e Briciole filosofiche, si confrontavano continuamente con la tensione tra la fede religiosa e le sfide dell'esistenza individuale. Attraverso i suoi scritti, Kierkegaard influenzò profondamente i teologi e i filosofi successivi, che esplorarono ulteriormente l'intersezione tra fede ed esistenzialismo.

Sebbene Kierkegaard si impegnasse e ne fosse influenzato nei movimenti filosofici e culturali del suo tempo, non si allineò rigidamente a nessuna scuola in particolare. Il suo approccio era profondamente personale e distintivo, sintetizzando e sfidando le idee prevalenti alla ricerca di una visione filosofica unica. Inoltre, dimostrò una profonda consapevolezza di altri sviluppi intellettuali, come il movimento romantico, che celebrava gli aspetti soggettivi, emotivi e immaginativi dell'esperienza umana. L'esplorazione di Kierkegaard dell'esperienza soggettiva dell'individuo, dell'amore e della passione e del potere trasformativo dell'arte riflettevano chiaramente il suo impegno con gli ideali romantici. Il suo romanzo, Stadi sul cammino della vita, si addentrava nelle relazioni umane, descrivendo il profondo impatto delle emozioni sulla vita degli individui.

Influenza dell'idealismo e dell'esistenzialismo tedesco:

L'idealismo tedesco, sostenuto da filosofi come Immanuel Kant e Georg Wilhelm Friedrich Hegel, ha offerto un quadro filosofico per comprendere la natura della realtà attraverso la lente di concetti e categorie ideali. L'opera rivoluzionaria di Kant ha sottolineato la soggettività della percezione e della cognizione umana, gettando luce sul modo in cui le nostre menti modellano attivamente la nostra comprensione del mondo. D'altro canto, il metodo dialettico di Hegel ha cercato di cogliere lo sviluppo della storia, del pensiero e della coscienza attraverso l'interazione di forze opposte. Queste idee rivoluzionarie hanno sfidato i tradizionali quadri metafisici e hanno offerto nuove prospettive sull'esperienza umana.

Nell'impegno di Kierkegaard con l'idealismo tedesco, egli intraprese un'esplorazione completa delle dinamiche della soggettività e del ruolo dell'individuo all'interno della società. Attingendo alle idee kantiane sulla natura soggettiva della percezione umana e alle nozioni hegeliane di progressione storica, Kierkegaard riconobbe l'importanza della mente attiva nel plasmare la nostra esperienza della realtà. Tuttavia, cominciò anche a preoccuparsi che un approccio puramente razionalistico potesse essere limitante e insufficiente per comprendere l'esistenza. Fu attraverso la sua prospettiva esistenzialista che Kierkegaard trovò un modo per integrare e migliorare il suo impegno con l'idealismo tedesco.

L'esistenzialismo, un altro profondo movimento filosofico che fiorì nel XIX e XX secolo, si confrontava con questioni legate all'esistenza, alla libertà e all'autenticità. Filosofi come Friedrich Nietzsche e Jean-Paul Sartre sottolinearono la responsabilità dell'individuo nel creare un significato all'interno di quello che potrebbe essere percepito come un mondo caotico e assurdo. Richiamarono l'attenzione sulle esperienze personali, la ricerca della passione e la ricerca di un'autentica autoespressione come elementi vitali nel dare forma all'esistenza di un individuo.

Integrando idee esistenzialiste nel suo quadro filosofico, Kierkegaard intraprese un'esplorazione più profonda delle emozioni umane, della tensione intrinseca tra desiderio e dovere e della ricerca perpetua di scopo e significato. Attinse a idee nietzscheane e sartriane per approfondire i dilemmi esistenziali affrontati dagli individui, svelando gli strati dell'esistenza umana e ponendo un'enfasi acuta sull'esperienza soggettiva. Attraverso questa fusione di idealismo tedesco ed esistenzialismo, le opere di Kierkegaard, in particolare in Aut-Aut, emergono come una profonda reazione filosofica contro il dogmatismo della moralità tradizionale e i sistemi razionali completi e onnicomprensivi proposti all'interno dell'idealismo tedesco. Invece, la prospettiva filosofica di Kierkegaard riafferma il significato della soggettività individuale, della responsabilità personale e di una ricerca seria di un'esistenza autentica.

In Aut-Aut, Kierkegaard presenta magistralmente una serie di scelte Aut-Aut che riecheggiano i dilemmi esistenziali incontrati dagli individui. Attraverso la struttura meticolosamente elaborata dell'opera, egli istiga critiche incisive alla nozione di un sistema etico onnicomprensivo, affermando che la moralità genuina si evolve da un impegno autentico assunto dall'individuo. Le idee di Kierkegaard, nate dal suo profondo impegno sia con l'idealismo tedesco che con l'esistenzialismo, offrono una prospettiva unica e avvincente sulla condizione umana, che sfida la conoscenza astratta prevalente e incoraggia fervidamente gli individui ad abbracciare la propria responsabilità personale e a impegnarsi per un'esistenza genuina.

Concetti filosofici chiave rilevanti per Aut-Aut:

Nell'opera fondamentale di Søren Kierkegaard Aut-Aut, emergono diversi concetti filosofici chiave che danno forma alle fondamenta delle sue idee e argomentazioni. Comprendere questi concetti è fondamentale per comprendere la profondità e il significato degli scritti di Kierkegaard nel contesto dell'esistenzialismo e della sua critica delle norme sociali convenzionali.

1. Soggettività: L'attenzione di Kierkegaard sulla soggettività è centrale nella sua prospettiva esistenzialista. Critica i sistemi che danno priorità alla verità oggettiva rispetto all'esperienza personale e alla responsabilità dell'individuo di scegliere il proprio percorso. Kierkegaard sostiene che la conoscenza oggettiva, distaccata dall'impegno soggettivo, è distaccata dalla realtà vissuta e può opprimere l'individuo. Sottolineando la soggettività, Kierkegaard sfida la credenza illuminista prevalente nel razionalismo e nella verità oggettiva. Evidenzia il significato dell'interpretazione personale e dell'esperienza vissuta nel plasmare la propria comprensione della realtà.

2. Autenticità: Strettamente legata alla soggettività, l'autenticità si riferisce all'espressione onesta e impegnata delle proprie convinzioni, valori ed emozioni. Kierkegaard sostiene che gli individui spesso si conformano alle aspettative della società, il che porta all'abbandono del loro vero sé. Considera l'influenza della società sugli individui come una forma di disumanizzazione, che sopprime la loro unicità e soffoca la crescita personale. Kierkegaard sostiene l'esplorazione e l'accettazione della propria identità unica come mezzo per trovare realizzazione e significato personali. L'autenticità richiede il coraggio di essere fedeli a se stessi, anche se ciò significa andare contro le norme o le aspettative della società. Nell'abbracciare l'autenticità, gli individui si assumono la responsabilità delle proprie scelte e affermano la propria capacità di azione nel dare forma alle proprie vite.

3. Dilemma etico: Aut-Aut esplora il dilemma etico affrontato dagli individui confrontati con scelte tra quadri morali contrastanti. Kierkegaard invita i lettori a riflettere sulle tensioni tra obblighi etici, desideri personali e aspettative sociali. Critica i sistemi etici tradizionali che prescrivono principi morali fissi e universali senza tenere conto dell'esistenza individuale. Kierkegaard riconosce che le decisioni etiche non sono sempre chiare o universalmente applicabili. Invece, suggerisce che gli individui devono confrontarsi con le contraddizioni e le incertezze intrinseche che sorgono quando entrano nel panorama etico. Una profonda riflessione sul dilemma etico richiede una comprensione di se stessi e una ricerca seria dell'integrità morale al di là delle norme esterne.

4. Vita estetica: Kierkegaard presenta il concetto di vita estetica, che denota una ricerca edonistica di piacere, bellezza e gratificazione immediata. La vita estetica rappresenta una modalità di esistenza principalmente sensoriale e impulsiva, in cui gli individui cercano esperienze transitorie ed evitano un coinvolgimento emotivo più profondo. Pur riconoscendo il fascino dell'estetica, Kierkegaard critica coloro che abbracciano esclusivamente questa modalità di esistenza. Sostiene che un approccio così superficiale non riesce a riconoscere le profondità profonde dell'esperienza umana e la nostra responsabilità intrinseca per la crescita personale. La vita estetica può fornire piaceri temporanei, ma alla fine lascia gli individui insoddisfatti e disconnessi dal loro sé autentico. Kierkegaard esorta i lettori a trascendere l'estetica e ad abbracciare un'esistenza più impegnata e significativa che produca crescita personale e significato duraturo.

5. Ironia socratica: Traendo ispirazione da Socrate, Kierkegaard impiega il concetto di ironia socratica come metodo per sconvolgere la saggezza convenzionale e incoraggiare l'autoriflessione critica. L'ironia socratica implica la finta ignoranza per provocare un'indagine più approfondita, sfidando le verità accettate e scoprendo le contraddizioni insite nelle norme sociali. Kierkegaard utilizza l'ironia per esporre la superficialità delle convenzioni sociali e la superficialità dello status quo. Adottando questa posizione ironica, Kierkegaard incoraggia i lettori a esaminare le proprie convinzioni e ipotesi, stimolando una comprensione più profonda della condizione umana. Attraverso l'ironia, Kierkegaard invita gli individui a impegnarsi in un esame personale delle proprie convinzioni, promuovendo l'umiltà intellettuale e la volontà di mettere in discussione norme e valori stabiliti.

6. Salto della fede: Forse uno dei concetti più famosi di Kierkegaard, il "salto della fede" funziona come risposta alla tensione tra ragione e fede. Kierkegaard suggerisce che il vero impegno religioso richiede un salto audace oltre la certezza razionale, abbracciando una fede appassionata nel divino nonostante l'assenza di prove conclusive. Il salto della fede non è un atto cieco o irrazionale, ma una decisione profondamente personale ed esistenziale. Comporta il riconoscimento dei limiti della ragione e l'accettazione della possibilità di una realtà trascendente che non può essere pienamente compresa solo attraverso mezzi razionali. Compiendo questo salto, gli individui affermano il loro impegno verso una verità superiore che supera i confini della comprensione umana. Kierkegaard sottolinea che un tale salto non è per tutti, poiché richiede un profondo desiderio esistenziale per il divino e un'accettazione dei paradossi insiti nella fede religiosa.

7. Disperazione: Kierkegaard fornisce un'analisi esistenziale della disperazione come condizione umana fondamentale derivante dall'incapacità di conciliare il conflitto interiore. Sostiene che abbracciare la disperazione, piuttosto che cercare di sfuggirle, è essenziale per un'autentica auto-scoperta e il potenziale per la trasformazione spirituale. La disperazione, secondo Kierkegaard, nasce da una disconnessione tra le possibilità del sé e la sua attualità, che porta a un senso di disperazione e frammentazione interiore. Kierkegaard sottolinea che la disperazione non è limitata a casi estremi, ma permea l'esistenza quotidiana, spesso mascherata da distrazioni o false fonti di appagamento. Affrontando e accettando pienamente la disperazione, gli individui possono iniziare il viaggio verso l'auto-comprensione, la crescita personale e, in ultima analisi, il potenziale per un rinnovato senso di scopo e significato. Kierkegaard suggerisce che attraverso l'esperienza della disperazione, gli individui hanno l'opportunità di rivalutare i propri valori, riorientare le proprie vite e intraprendere un percorso verso un'esistenza autentica.

8. Ironia: L'ironia permea la scrittura di Kierkegaard, fungendo da strumento per interrompere rigidi sistemi di pensiero e rivelare contraddizioni. Attraverso l'ironia, Kierkegaard espone le assurdità e le incongruenze all'interno della società e sfida i lettori a mettere in discussione la saggezza convenzionale. L'ironia, secondo Kierkegaard, non è mero sarcasmo o umorismo, ma un potente mezzo per illuminare le lacune tra apparenza e realtà. Utilizzando l'ironia, Kierkegaard spinge i lettori a valutare criticamente le proprie ipotesi e convinzioni, aprendo spazio a nuove intuizioni e prospettive. Attraverso l'effetto destabilizzante dell'ironia, gli individui sono incoraggiati a impegnarsi in una vera auto-riflessione, coltivando l'umiltà intellettuale e una consapevolezza dei limiti della conoscenza. In definitiva, l'ironia funziona come un catalizzatore per l'indagine filosofica e l'auto-esame, consentendo agli individui di trascendere il superficiale e raggiungere livelli più profondi di comprensione e autenticità.

Capitolo VI
AMBIENTE CULTURALE

La Danimarca, una piccola nazione scandinava con una ricca storia, ha coltivato un patrimonio culturale unico e complesso che ha influenzato notevolmente la visione del mondo e lo stile di scrittura di Kierkegaard. Un aspetto cruciale della cultura danese era la sua enfasi sulla comunità e l'unione. La storia della Danimarca come società principalmente agricola, con i suoi villaggi e le comunità unite, ha favorito un profondo senso di comunità e identità collettiva. Il popolo danese apprezzava il concetto di "folkelighed" o di popolo, che enfatizzava una cultura condivisa e un senso di appartenenza. Questo forte legame comunitario ha influenzato la comprensione di Kierkegaard delle relazioni umane, come si vede nelle interazioni tra i personaggi di Aut-Aut. Inoltre, il concetto danese di "hygge", che comprende intimità, contentezza e la gioia di trascorrere del tempo di qualità con i propri cari, riflette l'importanza data alla promozione dei legami e alla creazione di una calda atmosfera di unione, un'idea tangibile nell'esplorazione di Kierkegaard delle connessioni interpersonali.

Inoltre, la cultura danese celebrava semplicità, modestia e understatement. Il passato agrario della Danimarca ha instillato nel suo popolo un senso di frugalità e umiltà. La società danese attribuiva valore alla modestia, all'integrità e alla concretezza, come si può vedere nello stile di scrittura di Kierkegaard. Le sue opere evitano abbellimenti inutili e favoriscono espressioni dirette e oneste di pensiero ed emozione. Questa semplicità rieccheggia l'estetica del design danese, caratterizzata da linee pulite e funzionalismo, che enfatizza la praticità e la bellezza minimalista. L'impegno danese per la semplicità trova risonanza nella posizione filosofica di Kierkegaard, dove ha cercato di eliminare le complessità e le pretese dell'esistenza per raggiungere una profonda comprensione del sé autentico dell'individuo.

Anche l'arte, la letteratura e il teatro erano parte integrante della cultura danese e hanno svolto un ruolo significativo nel plasmare l'identità nazionale. Artisti e autori danesi, come Hans Christian Andersen e Ludvig Holberg, hanno celebrato la lingua e il patrimonio nazionale danesi attraverso le loro opere. Hanno tratto ispirazione dal folklore danese, dalla mitologia e dalla storia della nazione per creare storie che catturassero l'essenza della vita e del paesaggio danesi. Questa enfasi culturale sull'espressione artistica e sulla creatività risuonava con l'amore di Kierkegaard per la letteratura e la sua convinzione nel potere della narrazione come mezzo per comprendere la condizione umana. Lo stesso Kierkegaard si è impegnato con le forme letterarie, utilizzando pseudonimi nelle sue opere per esplorare varie prospettive e per sfidare i lettori a riflettere criticamente sull'esistenza.

Inoltre, l'identità danese era strettamente legata all'eredità cristiana del paese. La Danimarca, storicamente una nazione prevalentemente luterana, aderiva a un quadro religioso tradizionale. L'influenza del cristianesimo permeava la società danese, plasmandone i valori morali, l'etica e persino le strutture politiche. Questa eredità religiosa influenzò profondamente la comprensione di Kierkegaard della fede, del dubbio e della relazione dell'individuo con Dio. Mentre si impegnava in un esame critico degli aspetti istituzionali del cristianesimo, le opere di Kierkegaard spesso si confrontavano con temi di lotta spirituale, ricerca di significato e ricerca di autenticità personale all'interno di una società radicata nella religione.

Inoltre, la cultura danese poneva una forte enfasi sull'egualitarismo e l'uguaglianza. La struttura sociale della Danimarca, caratterizzata da una gerarchia relativamente piatta e da uno stato sociale ben sviluppato, promuoveva un senso di equità e giustizia sociale. L'impegno danese per l'uguaglianza sociale può essere fatto risalire al periodo dell'Illuminismo e alle idee filosofiche di pensatori danesi come Nikolaj Grundtvig. Questa mentalità egualitaria influenzò la critica di Kierkegaard delle norme sociali e la sua esplorazione della lotta dell'individuo per trovare autenticità e vera libertà in una società conformista. L'attenzione di Kierkegaard sull'esperienza soggettiva e la sua messa in discussione delle aspettative sociali si allineano con la cultura danese di valorizzazione dell'autonomia individuale e della crescita personale.

Inoltre, la cultura danese è stata plasmata da una particolare intimità con la natura. Le caratteristiche geografiche della Danimarca, con la sua estesa costa, i paesaggi ondulati e le numerose isole, hanno permesso ai danesi di sviluppare un profondo legame con l'ambiente naturale. L'apprezzamento danese per la bellezza e la tranquillità della natura si può riscontrare negli scritti di Kierkegaard, dove spesso cerca conforto e ispirazione nella contemplazione dei paesaggi naturali. Immergendosi nella serenità della natura, Kierkegaard ha cercato di sfuggire all'intensità della vita urbana e di riflettere sulle questioni più profonde dell'esistenza.

Impatto dell'arte, della letteratura e del teatro su Kierkegaard:

Nel corso del XIX secolo, l'arte, la letteratura e il teatro esercitarono un'influenza trasformativa sullo sviluppo intellettuale e filosofico di Søren Kierkegaard. Queste forme creative di espressione non solo gli fornirono ispirazione e realizzazione artistica, ma servirono anche come potenti mezzi attraverso i quali egli criticò e si impegnò nella società contemporanea, plasmando in ultima analisi il panorama intellettuale e culturale in cui forgiò il suo percorso filosofico.

L'arte, nelle sue molteplici forme, stava subendo una significativa evoluzione durante la vita di Kierkegaard. Passò dalla rigida aderenza ai tradizionali argomenti religiosi e morali a una nuova enfasi sull'individualismo e l'esperienza soggettiva. Il movimento romantico catturò l'attenzione di Kierkegaard, poiché celebrava passione, immaginazione e profondità emotiva. Questo cambiamento artistico risuonò profondamente con la sua esplorazione dell'autenticità e della lotta interiore dell'individuo, rispecchiando le sue preoccupazioni per l'esistenza umana e la disperata ricerca di un significato personale.

Pittori romantici di fama come Caspar David Friedrich ed Eugène Delacroix hanno presentato a Kierkegaard rappresentazioni visive dell'intensità della lotta emotiva e spirituale dell'individuo. Gli inquietanti paesaggi di Friedrich, spesso raffiguranti figure solitarie in contemplazione di vasti e sublimi scenari naturali, incapsulavano il profondo isolamento del sé in un mondo apparentemente indifferente. I dipinti vibranti e dinamici di Delacroix, con le loro raffigurazioni di violenza e passione, mettevano l'osservatore di fronte agli aspetti crudi e selvaggi della natura umana. Attraverso questi viaggi visivi, Kierkegaard trovò echi delle sue preoccupazioni intellettuali e una fonte di ispirazione che alimentò la sua esplorazione dell'esistenza.

L'ambiente culturale in cui visse Kierkegaard, noto come l'Età dell'oro danese, era un terreno fertile per attività intellettuali e artistiche. Autori danesi come Hans Christian Andersen e Adam Oehlenschläger furono determinanti nel plasmare il pensiero di Kierkegaard attraverso i loro capolavori letterari. Le toccanti fiabe di Andersen esploravano le dimensioni esistenziali dell'esistenza umana e la ricerca di significato, spesso incorporando sfumature profondamente religiose e morali. Oehlenschläger, d'altro canto, si immerse in profondi dilemmi morali e nella confluenza di amore, passione e dovere nelle sue opere teatrali e poesie. Questi autori, insieme a personaggi letterari come Jens Baggesen e NFS Grundtvig, arricchirono il panorama intellettuale di Kierkegaard e gli fornirono un ricco arazzo di idee da cui attingere.

Il teatro, con la sua immediatezza e la capacità di suscitare potenti risposte emotive, ebbe un profondo impatto sulla comprensione della condizione umana da parte di Kierkegaard. Frequentando il Royal Theatre di Copenaghen, fu profondamente toccato dalle rappresentazioni e dalle rappresentazioni drammatiche delle emozioni umane sul palco. Qui, una convergenza di attori di talento, scenografie attentamente progettate e narrazioni avvincenti consentirono a Kierkegaard di assistere in prima persona all'essenza dell'esistenza umana in tutte le sue contraddizioni. L'esperienza teatrale divenne per lui più di un semplice intrattenimento, ma una lente attraverso la quale poteva esplorare le profondità delle emozioni umane, dei dilemmi e delle scelte morali. L'intimità del teatro, dove il pubblico e gli attori condividevano lo stesso spazio fisico, accrebbe l'immediatezza delle emozioni e intensificò l'impatto delle rappresentazioni. Attraverso queste esperienze, Kierkegaard acquisì una comprensione più profonda dell'esistenza umana e delle profonde sfide che gli individui affrontano quando sono alle prese con le proprie vite.

Nei suoi scritti, Kierkegaard ha reso omaggio a queste forme artistiche e letterarie, usandole non solo come fonti di ispirazione, ma anche come strumenti per trasmettere le sue idee filosofiche. Le sue opere erano piene di allegorie, metafore e linguaggio descrittivo, attingendo al ricco arazzo di tecniche artistiche presenti nella letteratura e nella pittura. Pseudonimi, come Johannes Climacus, Vigilius Haufniensis e Anti-Climacus, hanno permesso a Kierkegaard di esprimere le sue diverse prospettive, impegnandosi con varie dimensioni filosofiche e rivelando l'esperienza umana da più angolazioni. L'ironia, un altro potente strumento preso in prestito dalla letteratura, è servito come strumento penetrante per criticare la compiacenza, il conformismo e l'incapacità della società di confrontarsi con la vera natura dell'esistenza.

Tuttavia, Kierkegaard non era esente da riserve sulle arti. Metteva in guardia dal fare affidamento esclusivamente su forme di espressione esterne come sostituto dell'introspezione individuale, della vera autoconsapevolezza e della profonda trasformazione personale. Credeva che arte, letteratura e teatro potessero facilmente diventare mere distrazioni, distogliendo gli individui dall'arduo viaggio della responsabilità personale, dell'esistenza autentica e della ricerca della fede religiosa. Mentre Kierkegaard traeva profonda ispirazione da questi sbocchi creativi, sottolineava costantemente l'importanza di impegnarsi con le dimensioni etiche e religiose dell'esistenza. Ai suoi occhi, l'arte da sola non poteva offrire vere risposte o soluzioni ai dilemmi esistenziali che gli individui incontrano. Il suo scetticismo verso l'affidamento a costrutti artistici e letterari esterni sottolineava la sua richiesta di una svolta interiore, un intenso impegno personale con i regni etici e religiosi e un rifiuto di tendenze superficiali o evasive.

Modelli culturali e norme comportamentali:

La Danimarca di Søren Kierkegaard, una nazione piccola ma orgogliosa, vantava un tessuto culturale distinto, caratterizzato da una miscela unica di eventi storici, costumi sociali e movimenti artistici che hanno avuto un ruolo fondamentale nel plasmare la visione del mondo e la filosofia di Kierkegaard.

1. Cultura danese e identità nazionale:
Per comprendere veramente la prospettiva di Kierkegaard sui modelli culturali e le norme comportamentali, è essenziale cogliere l'essenza della cultura danese e dell'identità nazionale del suo tempo. La storia della Danimarca ha plasmato l'identità collettiva del suo popolo. Dall'era vichinga e dall'Unione di Kalmar al periodo dell'Illuminismo, la storia danese ha

presentato un senso di resilienza, indipendenza e patrimonio culturale che ha contribuito a una forte identità nazionale. La lingua danese ha agito come una forza unificante, promuovendo un senso di solidarietà e cooperazione tra i suoi cittadini. Questa identità collettiva, radicata nella storia e nelle tradizioni, ha coltivato una società caratterizzata dall'egualitarismo, da un forte sistema di welfare sociale e da un'attenzione al bene collettivo. L'educazione di Kierkegaard in questo ambiente ha senza dubbio influenzato la sua comprensione della natura umana e delle dinamiche sociali.

2. Movimenti artistici e la loro influenza:
L'età dell'oro danese, un periodo di rinascita artistica, influenzò significativamente la cultura danese e in seguito plasmò il panorama intellettuale in cui visse Kierkegaard. Quest'epoca vide l'emergere di rinomati scrittori, artisti e drammaturghi che cercarono di riflettere e criticare le norme sociali attraverso le loro opere. Kierkegaard, un individuo intellettualmente curioso ed esteticamente sensibile, si immerse con entusiasmo nella fiorente scena letteraria. Trasse ispirazione da personaggi come Hans Christian Andersen e Johan Ludvig Heiberg, che esplorarono temi di idealismo, romanticismo e realismo nei loro scritti. È da questo ambiente artistico che Kierkegaard ricavò intuizioni sull'importanza delle esperienze estetiche e sul loro potenziale trasformativo in Aut-Aut.

3. Svelare i modelli culturali e la loro influenza:
I modelli culturali e le norme comportamentali dettano i comportamenti e le pratiche accettati all'interno di una società, fungendo sia da quadro guida che da fonte di coesione sociale. In Danimarca, le aspettative sociali spesso ruotavano attorno al mantenimento di un senso di conformità, modestia e moderazione. Questi modelli culturali erano profondamente radicati nel tessuto della società danese, con norme e tradizioni viste come cruciali per sostenere l'ordine e la stabilità sociale. Kierkegaard osservò attentamente questi modelli e

analizzò il loro impatto sull'autenticità individuale e sulla libertà personale. In Aut-Aut, cercò di sfidare l'aderenza indiscussa a queste aspettative culturali, incoraggiando gli individui a riflettere criticamente sulle proprie scelte e azioni al fine di forgiare un'esistenza più significativa.

4. Norme comportamentali, ruoli sociali e identità:
Kierkegaard approfondisce i ruoli che gli individui svolgono all'interno della società e le pressioni che sopportano per conformarsi. Le aspettative sociali sui ruoli di genere, i doveri familiari e gli obblighi professionali hanno esercitato un'influenza significativa sui comportamenti e sulle decisioni delle persone. Kierkegaard solleva profonde domande sull'autenticità di questi ruoli, spingendo gli individui a riflettere se stanno veramente vivendo in accordo con i propri desideri e valori o semplicemente conformandosi ai costrutti sociali. Egli sollecita un radicale autoesame che vada oltre gli strati superficiali dell'identità per svelare la propria vera essenza, libera dal peso delle aspettative sociali.

5. Critica e riflessione sui modelli culturali:
Sebbene Kierkegaard apprezzasse profondamente certi aspetti della cultura danese, aveva anche una lente critica su quella che percepiva come una società compiacente intrappolata nelle norme convenzionali. Credeva che i modelli culturali e il conformismo che promuovevano impedissero agli individui di scoprire il loro vero sé e di vivere in modo autentico. Kierkegaard metteva in discussione l'influenza delle norme sociali sul processo decisionale morale e sosteneva che gli individui si liberassero da questo conformismo, osando forgiare il proprio percorso alla ricerca di un'esistenza più autentica. Rivelando i limiti e il potenziale danno dei modelli culturali, Kierkegaard mirava ad accendere un profondo senso di autoriflessione e autonomia tra i suoi lettori, sfidandoli a mettere in discussione lo status quo e ad abbracciare la libertà di creare le proprie identità individuali.

Capitolo VII
INFLUENZE LETTERARIE

Una figura letteraria significativa che ebbe un profondo impatto sugli scritti di Kierkegaard fu Johann Wolfgang von Goethe. Kierkegaard fu affascinato dal romanzo filosofico di Goethe, L'apprendistato di Wilhelm Meister, che servì da pilastro della letteratura illuminista. L'opera di Goethe esplorò temi di auto-scoperta, sviluppo personale e ricerca di un'esistenza autentica. Queste idee risuonarono profondamente con Kierkegaard e giocarono un ruolo cruciale nel plasmare la sua comprensione dell'individualità e la ricerca dell'autorealizzazione.

L'Apprendistato di Wilhelm Meister è spesso considerato l'incarnazione del genere Bildungsroman, una tradizione letteraria tedesca incentrata sulla crescita morale e psicologica del protagonista. La descrizione completa del viaggio del protagonista da parte di Goethe, piena di prove, introspezione e incontri con vari ruoli sociali, rispecchiava l'enfasi di Kierkegaard sull'importanza dell'esperienza soggettiva dell'individuo e sulla necessità di sottoporsi a un processo di auto-scoperta.

L'impatto dei Discorsi alla nazione tedesca di Johann Gottlieb Fichte sul pensiero di Kierkegaard non può essere sopravvalutato. La serie di discorsi di Fichte sottolineava l'importanza della responsabilità personale, esortando gli individui a impegnarsi attivamente nel dare forma alla propria società. Ciò risuonò profondamente in Kierkegaard, poiché fu profondamente influenzato dalla chiamata all'azione di Fichte e dalla sua convinzione nella capacità degli individui di apportare cambiamenti significativi nelle loro comunità.

I Discorsi alla nazione tedesca di Fichte si intrecciano elegantemente con l'esplorazione filosofica di Kierkegaard dell'etica e della scelta esistenziale che gli individui affrontano. Kierke-gaard, proprio come Fichte, credeva fermamente che la responsabilità personale fosse un aspetto fondamentale dell'esistenza umana, esortando gli individui a fare scelte che fossero in linea con i loro valori e che contribuissero positivamente alla società. Questa nozione di responsabilità etica è ampiamente esposta negli scritti di Kierkegaard, tra cui Aut-Aut, in cui i personaggi si confrontano con dilemmi morali, sperimentano le conseguenze delle loro scelte e intraprendono una ricerca di significato e autenticità etica.

Inoltre, altre figure e opere letterarie hanno lasciato impronte indelebili sullo stile letterario e l'esplorazione tematica di Kierkegaard. Friedrich Schiller, una figura di spicco dell'Illuminismo europeo, ha influenzato notevolmente Kierkegaard attraverso la sua enfasi sull'educazione estetica e la ricerca della bellezza. Kierkegaard vedeva l'esperienza della bellezza come un aspetto essenziale dell'esistenza umana, che consente agli individui di riconoscere il loro sé più profondo, sperimentare la trascendenza e connettersi con verità universali.

Henrik Ibsen, drammaturgo norvegese, ebbe un profondo impatto sulla comprensione di Kierkegaard delle complesse relazioni umane. La rappresentazione realistica di personaggi alle prese con pressioni sociali, aspettative di genere e la realizzazione dei propri desideri e identità da parte di Ibsen risuonò profondamente con l'esplorazione di Kierkegaard dell'esistenza umana e della lotta per l'autenticità. Le opere di Ibsen, come Casa di bambola e Hedda Gabler, si allineano notevolmente con il commento di Kierkegaard sul peso delle convenzioni sociali dell'individuo e sulla necessità di confrontarsi con il proprio vero sé.

Inoltre, Hans Christian Andersen, noto per le sue accattivanti fiabe, esercitò anche un'influenza significativa sulle idee filosofiche di Kierkegaard. Le narrazioni di Andersen spesso portavano profondi messaggi esistenziali, come la ricerca dell'auto-scoperta in "La Sirenetta" o la ricerca dell'autenticità e la lotta contro il conformismo in "Il brutto anatroccolo". Kierkegaard credeva fermamente che la narrazione avesse il potere di trasmettere verità essenziali sull'esistenza umana e le fiabe di Andersen esemplificavano questa convinzione.

Oltre a queste opere e figure specifiche, gli scritti di Kierkegaard erano profondamente radicati nella tradizione letteraria del romanticismo. Il movimento romantico, caratterizzato dalla sua celebrazione dell'individualità, della soggettività e dell'esperienza emotiva, risuonava profondamente con l'attenzione di Kierkegaard sulla vita interiore dell'individuo e sulla natura soggettiva dell'esistenza. Le opere di poeti romantici come Friedrich Hölderlin e William Wordsworth fornirono a Kierkegaard una struttura per articolare le sue idee filosofiche in modo poetico ed evocativo, catturando le sfumature dell'esperienza umana e il desiderio di trascendenza.

Tecniche e stile letterario in Aut-Aut:

Uno degli aspetti più sorprendenti di Aut-Aut è l'uso di pseudonimi da parte di Kierkegaard. Assumendo voci e prospettive diverse attraverso personaggi di fantasia come A. e B., Kierkegaard crea una narrazione sfaccettata che esplora punti di vista contrastanti e argomenti filosofici. Questa tecnica incarna la nozione di "comunicazione indiretta" di Kierkegaard, consentendogli di presentare le sue idee da diverse angolazioni evitando consapevolmente il dogma o il didatticismo autoriale. Questa molteplicità di prospettive non solo arricchisce l'esperienza del lettore, ma incoraggia anche una comprensione più profonda e sfumata dei concetti filosofici in questione.

Inoltre, il linguaggio evocativo di Kierkegaard funge da potente strumento per immergere completamente il lettore nell'esplorazione filosofica di Aut-Aut. Utilizza attentamente immagini vivide, espressioni metaforiche e dettagli sensoriali per creare un'esperienza sensoriale che risuona con i lettori a livello emotivo e intellettuale. Attraverso un linguaggio che fa appello all'immaginazione, Kierkegaard guida i lettori verso una comprensione più profonda delle idee complesse presentate, trascendendo i limiti del mero discorso teorico.

Un altro elemento stilistico significativo in Aut-Aut è la struttura frammentaria del testo. Invece di aderire a una narrazione lineare e coesa, Kierkegaard presenta una raccolta di saggi, lettere e riflessioni che si intrecciano per formare un arazzo di indagine filosofica. Questa frammentazione riflette la natura intrinseca dell'esistenza umana, che è segnata da incertezze e ambiguità. Abbracciando questa struttura frammentata, Kierkegaard abbraccia il lettore come un partecipante attivo, esortandolo a costruire un significato collegando i pezzi disparati del puzzle filosofico e confrontandosi con le sfide esistenziali poste dal testo.

Oltre alla frammentazione, l'uso magistrale di ironia e satira da parte di Kierkegaard gli consente di esaminare criticamente le norme sociali, le istituzioni religiose e le ipotesi filosofiche. Attraverso l'ironia, Kierkegaard sfida le convinzioni prevalenti e invita i lettori a esaminare attentamente i propri presupposti. Utilizza abilmente la satira per esporre le incongruenze e le assurdità insite nelle istituzioni consolidate, spingendo i lettori a mettere in discussione lo status quo e a considerare percorsi alternativi per la trasformazione personale e sociale. Con queste tecniche, Kierkegaard assume il ruolo di un provocatore filosofico, incitando i lettori a riflettere criticamente sulle proprie vite e a impegnarsi in un processo di autoscoperta.

Inoltre, la fusione di diversi stili di scrittura, tra cui prosa, poesia e dialogo, contribuisce al profondo impatto di Aut-Aut.

Kierkegaard fonde perfettamente questi stili, creando un'esperienza di lettura dinamica e sfaccettata. Il suo uso del linguaggio poetico aggiunge valore estetico al testo, catturando al contempo la profondità emotiva delle sue idee filosofiche. Inoltre, l'inclusione di dialoghi all'interno della narrazione conferisce un senso di immediatezza e intimità, consentendo ai lettori di impegnarsi direttamente con i concetti filosofici e di partecipare al dialogo intellettuale che si svolge all'interno delle pagine del libro.

Critica letteraria e ricezione del libro:

1. Accoglienza iniziale:
L'accoglienza iniziale di Aut-Aut di Søren Kierkegaard fu caratterizzata da una combinazione di curiosità, confusione e controversia. Pubblicato nel 1843 sotto uno dei suoi numerosi pseudonimi, Victor Eremita, il libro sfidò le convenzioni filosofiche e letterarie prevalenti dell'epoca. Lo stile unico di Kierkegaard e le sue idee stimolanti lasciarono perplessi i lettori abituati a trattati filosofici più diretti.

Le reazioni contemporanee furono contrastanti, con alcuni intellettuali che riconobbero l'importanza dell'opera di Kierkegaard e altri che la liquidarono come oscura e criptica. La struttura narrativa non ortodossa del libro, che impiega punti di vista contrastanti in due sezioni, aggiunse perplessità ai lettori. Molti trovarono difficile accertare le vere intenzioni di Kierkegaard, mentre altri videro la sua rappresentazione di modalità estetiche ed etiche dell'esistenza come provocatoria e perspicace.

2. Interpretazioni filosofiche:
2.1 Esistenzialismo: L'Aut-Aut di Kierkegaard è stato salutato come uno dei testi fondanti della filosofia esistenzialista. La sua esplorazione della scelta individuale, dell'esperienza soggettiva e della tensione tra modalità estetiche ed etiche

dell'esistenza ha trovato forte riscontro nei successivi pensatori esistenzialisti. Jean-Paul Sartre, ad esempio, ha attinto ampiamente dalle idee di Kierkegaard nel suo quadro filosofico dell'esistenzialismo. Il concetto di "salto nel vuoto" introdotto da Kierkegaard in Aut-Aut è stato visto come una nozione fondamentale nell'esistenzialismo, sottolineando l'importanza della libertà individuale, dell'autenticità e della responsabilità.

2.2 Influenze hegeliane: in Aut-Aut, Kierkegaard si confronta e critica la filosofia hegeliana, che era dominante ai suoi tempi. Rifiutando l'enfasi di Hegel sul pensiero sistematico, Kierkegaard sostiene l'importanza della verità soggettiva e della responsabilità individuale. La sua risposta alla visione teleologica della storia di Hegel è radicata nella sua convinzione che la verità ultima non può essere compresa attraverso un mero processo intellettuale, ma deve essere appropriata soggettivamente dall'individuo. La critica di Kierkegaard all'hegelismo ha aperto nuove strade per l'esplorazione filosofica oltre i confini dei sistemi di pensiero consolidati.

3. Analisi letteraria:
3.1 Struttura narrativa: la struttura narrativa di Aut-Aut è fondamentale per comprendere l'esplorazione multiforme dell'esistenza umana da parte di Kierkegaard. Diviso in due parti, "Estetica" ed "Etica", il libro presenta punti di vista e visioni del mondo contrastanti. Kierkegaard non sostiene esplicitamente nessuna prospettiva in particolare, lasciando che i lettori si addentrino nelle tensioni all'interno di ogni sezione. L'uso di pseudonimi, narrazioni di cornice e monologhi introspettivi accresce ulteriormente la complessità del testo, invitando i lettori a esaminare attentamente l'interazione tra le sfere estetiche ed etiche dell'esistenza.

3.2 Stile di scrittura e linguaggio: la prosa di Kierkegaard in Aut-Aut possiede una qualità poetica e introspettiva. Utilizza vari espedienti letterari, come metafore, ironia, allusioni e simbolismo, per trasmettere efficacemente le sue idee filosofiche. Attraverso la manipolazione del linguaggio, Kierkegaard evoca complesse risposte emotive e intellettuali nel lettore, trascinandolo nelle profondità delle sue riflessioni filosofiche. Gli elementi letterari in Aut-Aut contribuiscono alla coerenza tematica complessiva dell'opera e migliorano l'impegno del lettore con il suo contenuto filosofico.

4. Prospettive contemporanee:

4.1 Accoglienza nella filosofia moderna: Aut-Aut continua a influenzare il pensiero filosofico contemporaneo in vari ambiti. Esistenzialismo, fenomenologia e postmodernismo sono stati tutti plasmati dalle idee di Kierkegaard presentate nel testo. La sua enfasi sull'esperienza soggettiva, la natura dell'esistenza individuale e i limiti della razionalità risuonano con i dibattiti in corso che circondano il sé, la soggettività e il ruolo della scelta personale in un mondo complesso. La sua esplorazione della relazione dell'individuo con la società e l'etica contribuisce alle discussioni contemporanee sulla moralità, la responsabilità e la nozione di "sé autentico".

4.2 Influenza letteraria: l'impatto di Aut-Aut si estende oltre la filosofia, ispirando scrittori, drammaturghi e registi attraverso diversi media. La sua esplorazione di temi esistenziali, dilemmi morali e soggettività umana fornisce un terreno fertile per l'adattamento creativo. Artisti e creatori trovano spesso ispirazione nell'uso di tecniche narrative da parte di Kierkegaard e nella sua capacità di evocare profonde risposte emotive e intellettuali.

5. Critiche e dibattiti recenti:

Negli ultimi anni, gli studiosi si sono impegnati in dibattiti in corso e analisi critiche di Aut-Aut, cercando di scoprire le intenzioni di Kierkegaard e gettare nuova luce sulla profondità filosofica del testo. I disaccordi interpretativi persistono e vari approcci critici offrono letture diverse dell'opera. Gli studiosi esplorano l'interazione tra temi esistenziali, religiosi ed etici, esaminando la verità soggettiva, l'esperienza religiosa, la responsabilità morale e le implicazioni delle idee di Kierkegaard per le società contemporanee. La continua rivalutazione e rivalutazione di Aut-Aut contribuiscono a una comprensione sfumata del progetto filosofico di Kierkegaard e della sua rilevanza per il pensiero contemporaneo.

Capitolo VIII
CAPIRE AUT-AUT

Aut-Aut fu pubblicato per la prima volta nel 1843 sotto lo pseudonimo Victor Eremita, che significa "eremita vittorioso". Questo pseudonimo riflette l'intenzione di Kierkegaard di distaccarsi dalla sua identità personale ed esplorare idee e prospettive da vari punti di vista. La struttura del libro è divisa in due volumi, "Aut-" e "-Aut", contenenti un'ampia raccolta di scritti che presentano punti di vista contrastanti su etica, estetica, amore ed esistenza umana.

Nel primo volume "Aut-", Kierkegaard si addentra nella sfera estetica della vita, rappresentando un modo di vivere edonistico che si concentra su esperienze sensuali e gratificazione immediata. Questa sezione include il famoso "Diario di un seduttore", che offre spunti sulla psicologia della seduzione e della manipolazione. In esso, il seduttore Johan discute le tattiche e le strategie che impiega per sedurre e conquistare gli altri. Attraverso questa narrazione, Kierkegaard esplora le oscure complessità del desiderio umano, le dinamiche di potere insite nelle relazioni e le conseguenze di una vita guidata esclusivamente da ricerche estetiche.

Il volume "Aut-" contiene anche saggi che esaminano vari argomenti come la tragedia antica, i passatempi psicologici e il concetto di quello più infelice. Questi scritti offrono ai lettori diverse prospettive, rivelando sia i piaceri che il potenziale vuoto di una vita focalizzata esclusivamente sul regno estetico. Kierkegaard presenta la sfera estetica come una fase valida e necessaria dell'esistenza, riconoscendo che gli individui potrebbero aver bisogno di impegnarsi in esperienze sensuali e piaceri mondani per comprendere veramente i limiti dello stile di vita estetico. Tuttavia, mette anche in guardia dai pericoli di essere troppo consumati da queste attività, poiché possono portare al vuoto esistenziale e alla mancanza di un significato più profondo.

D'altro canto, il secondo volume "-Aut" introduce la sfera etica, che comprende il regno del dovere, della responsabilità e delle scelte morali. Qui, Kierkegaard esplora la tensione tra i modi di vita estetici ed etici, evidenziando l'importanza dello sviluppo personale e la lotta per trovare equilibrio e autenticità. Il protagonista principale di questa sezione, il giudice William, presenta un approccio moralistico alla vita, fondato su doveri e obblighi.

Attraverso una serie di lettere, il giudice William si impegna in un dialogo filosofico con un giovane di nome A, discutendo argomenti come la validità estetica del matrimonio, l'equilibrio tra l'estetico e l'etico nello sviluppo della personalità e il concetto di ultimatum. Queste conversazioni approfondiscono i conflitti interiori che gli individui incontrano quando affrontano le richieste etiche della società pur rimanendo fedeli al loro sé autentico.

La sfera etica, secondo Kierkegaard, rappresenta un livello superiore di esistenza poiché richiede agli individui di andare oltre l'immediatezza dei piaceri sensuali e di affrontare le richieste di responsabilità e scelte morali. Richiede agli individui di prendere decisioni consapevoli basate sui loro valori, anche se contraddicono o sfidano le norme sociali. Kierkegaard sostiene un'esistenza autentica che implica autoriflessione, individualità e autonomia personale. Egli suggerisce che gli individui debbano mettere in discussione le norme e i codici etici stabiliti, abbracciando i paradossi e le incertezze dell'esperienza umana.

In Aut-Aut, Kierkegaard solleva questioni fondamentali sull'esistenza umana e sulla natura dell'individualità. Critica le norme sociali e la saggezza convenzionale, sottolineando al contempo la riflessione personale e la ricerca della verità soggettiva. Il libro affronta temi di passione, disperazione, scelta e la tensione tra libertà individuale e responsabilità. Kierkegaard ritiene che la vera autenticità risieda nel fare scelte significative, nell'assumersi la responsabilità delle proprie azioni e nell'accogliere le infinite possibilità e i paradossi che accompagnano l'esperienza umana.

I motivi chiave che permeano le pagine di Aut-Aut includono il concetto stesso di "aut-aut", che rappresenta la necessità di fare scelte difficili e assumersi la responsabilità delle proprie azioni. Il concetto di scelta è al centro della filosofia di Kierkegaard, che sottolinea l'importanza degli individui di affrontare i dilemmi esistenziali e prendere decisioni consapevoli che siano in linea con i propri valori e aspirazioni personali.

Kierkegaard esamina anche la relazione dialettica tra la sfera estetica e quella etica, evidenziando le sfide inerenti alla conciliazione di desideri e aspirazioni contrastanti. La sfera estetica rappresenta l'immediato e il sensuale, mentre la sfera etica rappresenta l'universale e il morale. Kierkegaard sostiene che una persona deve entrare in questi regni per trovare la realizzazione personale e un'esistenza autentica.

Inoltre, Kierkegaard impiega spesso ironia e umorismo nei suoi scritti, sfidando i lettori a mettere in discussione le proprie ipotesi e preconcetti. L'uso di pseudonimi in tutto il libro aggiunge strati di complessità e invita i lettori a considerare più prospettive quando si impegnano con il testo. Prendendo le distanze dalle opinioni presentate in entrambi i volumi, Kierkegaard incoraggia i lettori a impegnarsi criticamente con il contenuto e a riconoscere i limiti di ogni singolo punto di vista.

Capitolo IX
ESPLORANDO I DIAPSALMATA

In "Diapsalmata" di Aut-Aut, Søren Kierkegaard presenta una raccolta di profonde riflessioni aforistiche che invitano i lettori nei regni enigmatici dell'esistenza umana e della condizione umana. Attraverso questo stile frammentato, Kierkegaard dimostra la sua convinzione che l'esplorazione delle profondità della vita richieda di abbracciare l'ambiguità e accettare i limiti intrinseci del linguaggio.

All'interno dei "Diapsalmata", il lettore incontra una serie di aforismi che comprendono un'ampia gamma di temi, intrecciando intuizioni su amore, etica, estetica, autoriflessione, autenticità e ricerca di significato. Questi pensieri astratti sono espressi attraverso un linguaggio poetico, invitandoci a impegnarci con le verità profonde racchiuse in questi frammenti e consentendo loro di risuonare nelle nostre esperienze.

1. "Più astratta è la verità che desideri insegnare, più devi attirare i sensi verso di essa. Insegnare la virtù è facile, vivere virtuosamente è difficile. La bellezza della virtù deve essere percepita, non solo compresa; deve essere vissuta, non solo discussa."

Questo aforisma offre una profonda riflessione sulle sfide di una vita virtuosa. Kierkegaard suggerisce che avere semplicemente conoscenza della virtù non è sufficiente; dobbiamo immergerci completamente nella sua bellezza e permetterle di diventare una parte intrinseca del nostro essere. La virtù, sostiene, trascende la comprensione intellettuale e deve essere sperimentata con tutti i nostri sensi. Ci chiama a impegnarci attivamente in azioni virtuose, incarnando i principi etici a cui teniamo.

2. "Essere in grado di lasciar andare le cose è una delle più grandi imprese della vita. Richiede il coraggio di confrontarsi con i nostri attaccamenti, l'umiltà di riconoscere i nostri limiti e la saggezza di cercare la libertà oltre i semplici beni materiali. Nel lasciar andare, scopriamo la profonda liberazione che fluisce quando rinunciamo alla nostra presa sul transitorio e abbracciamo l'eterno."

Questo aforisma approfondisce il potere trasformativo del distacco. Kierkegaard suggerisce che la capacità di una persona di liberarsi dagli attaccamenti ai beni materiali, alle relazioni e persino all'identificazione con l'ego è una testimonianza della sua forza interiore. Lasciar andare richiede un esame introspettivo dei nostri attaccamenti e desideri. Richiede coraggio per affrontare le paure e le insicurezze che guidano i nostri attaccamenti, per riconoscere i limiti dell'aggrapparsi all'impermanente. Attraverso questo processo, scopriamo gradualmente una libertà squisita che emana dall'abbracciare l'eterno e dal trascendere le attività temporanee che spesso limitano la nostra crescita.

3. "Quando guardo giù nell'abisso, anche l'abisso guarda dentro di me. Nelle profondità dell'introspezione, incontriamo non solo i profondi misteri della nostra esistenza, ma anche un riflesso delle nostre paure, dei nostri desideri e delle nostre vulnerabilità. L'abisso diventa uno specchio, rivelando verità nascoste e provocando una dialettica costante tra il sé e il mondo."

Questo aforisma si avventura nella dimensione esistenziale dell'auto-riflessione e dell'introspezione. Riconosce che mentre fissiamo l'abisso della contemplazione, tentando di scandagliare la vita, ci confrontiamo simultaneamente con le crude realtà del nostro mondo interiore. L'abisso riflette su di noi le nostre paure, i nostri desideri e le nostre vulnerabilità più profonde. Diventa uno specchio in cui incontriamo le dicotomie della nostra esistenza: la luce e l'oscurità che coesistono dentro di noi, la fragilità della nostra umanità e la vastità delle possibilità. Questa costante dialettica tra il nostro sé interiore e il mondo esterno ci sfida ad abbracciare le contraddizioni e le ambiguità intrinseche che modellano i nostri viaggi individuali.

Esplorando i Diapsalmata:

Derivato dal termine greco "Diapsalmata", che significa "riflessioni" o "meditazioni", questa sezione presenta un mosaico di aforismi brevi e spesso enigmatici. Attraverso queste intuizioni concise ma profonde, Kierkegaard manifesta un arazzo di idee filosofiche, osservazioni introspettive e riflessioni esistenziali. Partendo dalla tradizionale narrazione lineare che si trova in altre parti del libro, i Diapsalmata emergono come una sinfonia di frammenti frammentati e contemplativi che invitano i lettori a impegnarsi attivamente con i pensieri di Kierkegaard.

Al centro dei Diapsalmata c'è la brevità, poiché ogni aforisma è composto da poche frasi, meticolosamente elaborate per stipare significati profondi e provocare una profonda contemplazione. Adottando questa forma concisa, Kierkegaard facilita il coinvolgimento dei lettori, ispirandoli a fermarsi, riflettere e partecipare attivamente alla decifrazione delle profonde domande esistenziali che gli aforismi pongono.

La brevità dei Diapsalmata consente a Kierkegaard di trasmettere idee complesse attraverso la semplicità. Nel distillare i suoi pensieri in pepite concise, cattura l'essenza delle intuizioni filosofiche, dotandole di maggiore accessibilità e di una comprensione profonda. Gli aforismi fungono da potenti inneschi che spingono i lettori in un regno trascendentale di contemplazione esistenziale, incitando a mettere in discussione i paradossi e le incertezze intrinseche nell'esperienza umana.

Inoltre, i Diapsalmata mostrano uno stile letterario non convenzionale. Kierkegaard adorna le sue espressioni con strati di paradosso, ironia e giochi di parole, accrescendo la complessità e la profondità del suo messaggio. Questi espedienti artistici sfidano i lettori a esplorare diverse prospettive e interpretazioni, abbracciando la natura multiforme della verità. Attraverso il suo linguaggio giocoso e provocatorio, Kierkegaard sconvolge i modi di pensare convenzionali, stimolando i lettori a rivalutare le loro ipotesi sulla vita, il significato e la verità.

Il contenuto dei Diapsalmata abbraccia un ampio spettro, esplorando riflessioni esistenziali sulla natura dell'esistenza e sulla condizione umana, mentre contempla l'amore, la fede e i dilemmi etici. La profonda comprensione di Kierkegaard delle contraddizioni insite nell'esperienza umana traspare mentre esamina l'interazione tra passione e ragione, la lotta tra autenticità e conformità e la tensione che nasce dalla libertà e dalla responsabilità che portiamo. Queste osservazioni risuonano a un livello profondamente personale, rieccheggiando il tumultuoso viaggio di auto-scoperta e la ricerca dell'autenticità che definisce la condizione umana.

Inoltre, i Diapsalmata fungono da filo conduttore, collegando le varie voci e prospettive che popolano Aut-Aut. Questi aforismi forniscono una visione della mentalità dei diversi personaggi e contribuiscono alla narrazione sovrastante dell'opera. Attraverso questi frammenti, Kierkegaard confonde i confini tra l'autore, i personaggi e i lettori, promuovendo un senso di esplorazione e riflessione condivise.

In tutti i Diapsalmata, Kierkegaard estende un invito ai lettori ad affrontare coraggiosamente le profonde questioni della vita, esortandoli a riflettere sulla propria esistenza e sulle scelte che fanno. Invece di offrire risposte definitive, incoraggia un'esplorazione continua di questi dilemmi esistenziali, sottolineando la natura soggettiva della verità e l'importanza dell'impegno personale nella ricerca del significato.

Il ruolo degli aforismi in "Aut-Aut":

Gli aforismi, nella loro brevità e concisione, possiedono una capacità unica di distillare profonde intuizioni filosofiche in affermazioni succinte e memorabili. In quanto tale, Kierkegaard incorpora strategicamente gli aforismi in tutto il testo per migliorare la comprensione e l'impegno del lettore con il suo discorso filosofico.

Nella prima sezione di Aut-Aut, intitolata "Diapsalmata", Kierkegaard presenta una serie di frammenti aforistici che toccano vari temi e argomenti. Questi aforismi svolgono molteplici funzioni all'interno della struttura più ampia del libro. In primo luogo, servono come un efficace espediente letterario per spezzare la densità del testo filosofico, offrendo intermezzi stimolanti e spesso poetici. Intercalando questi momenti di contemplazione e riflessione, Kierkegaard offre al lettore l'opportunità di fermarsi e digerire le idee presentate, consentendo un'esperienza di lettura più accessibile e coinvolgente.

D'altro canto, gli aforismi agiscono come una forma di espressione letteraria. Attraverso queste affermazioni concise e stimolanti, Kierkegaard non solo presenta le sue preoccupazioni filosofiche, ma cattura anche le sfumature emotive ed esistenziali in esse racchiuse. Ogni aforisma è attentamente elaborato per evocare uno stato d'animo particolare, per incapsulare più livelli di significato e per sfidare le nozioni preconcette del lettore. Sia attraverso metafore, paradossi o vivide scelte linguistiche, Kierkegaard invita il lettore ad abbracciare la profondità di questi frammenti aforistici ed esplorare le possibilità che contengono.

Inoltre, gli aforismi in Aut-Aut contribuiscono alla struttura generale e alla narrazione del libro. Kierkegaard, noto per la sua enfasi sull'esperienza soggettiva e sul viaggio esistenziale dell'individuo, incorpora deliberatamente aforismi per rispecchiare la natura frammentata della condizione umana. La forma stessa degli aforismi cattura la natura frammentata e sfaccettata dell'esistenza, poiché incapsulano intuizioni e riflessioni che non si adattano perfettamente a un discorso filosofico lineare e sistematico. Incorporando questi frammenti aforistici, Kierkegaard sottolinea la complessità dell'esistenza umana soggettiva, invitando al contempo il lettore a impegnarsi con i propri pensieri e riflessioni frammentati.

D'altra parte, gli aforismi offrono un potere comunicativo unico in Aut-Aut. Attraverso la loro brevità e immediatezza, trascendono i limiti del linguaggio e del significato, consentendo una connessione più immediata e intuitiva con il lettore. Quando Kierkegaard introduce un nuovo aforisma, invita il lettore a sospendere momentaneamente la propria dipendenza dal pensiero analitico e invece a immergersi nelle qualità esperienziali dell'aforisma. Questo coinvolgimento intuitivo con i frammenti aforistici incoraggia una comprensione più olistica e incarnata dei concetti filosofici presentati.

Gli aforismi servono anche a illustrare i dilemmi e le tensioni esistenziali con cui Kierkegaard si confronta in Aut-Aut. Condensando idee filosofiche complesse in affermazioni concise, Kierkegaard accentua la natura paradossale dell'esistenza umana. Questi frammenti aforistici racchiudono la tensione tra ragione e passione, disperazione e speranza, libertà e responsabilità. Attraverso questa rappresentazione artistica e linguistica delle contraddizioni esistenziali, Kierkegaard invita il lettore a confrontarsi con queste tensioni e a immergersi nella ricchezza dell'esperienza umana.

Infine, gli aforismi in Aut-Aut offrono uno spazio per l'ambiguità e l'interpretazione aperta. Per loro stessa natura, le affermazioni aforistiche sono spesso aperte a molteplici significati e prospettive. Kierkegaard lascia intenzionalmente spazio al lettore per impegnarsi attivamente con i frammenti aforistici, incoraggiando la riflessione personale e l'auto-scoperta. L'interpretazione di ogni lettore diventa parte integrante dell'esperienza di lettura, poiché porta le proprie prospettive ed esperienze uniche a influenzare gli aforismi. L'obiettivo di Kierkegaard non è quello di fornire risposte definitive, ma piuttosto di provocare introspezione, provocare pensiero e accendere il processo di auto-scoperta e impegno con le domande esistenziali della vita.

Capitolo X
LE FASI EROTICHE

"Stadi immediati dell'erotico, o erotico musicale":

In "Stadi immediati dell'erotico, o erotico musicale", Søren Kierkegaard approfondisce la natura multiforme dell'esperienza erotica e il suo profondo legame con la musica, svelando gli strati dei desideri e delle passioni umane.

Kierkegaard presenta A, un esteta per eccellenza, come l'incarnazione della ricerca dei piaceri sensuali. A cerca instancabilmente la stimolazione attraverso l'indulgenza dei suoi sensi, consegnandosi a un'eterna ricerca dell'esperienza estetica definitiva. Tuttavia, A non solo vede la musica come un mero sfondo per accompagnare la sua indulgenza sensoriale, ma ne riconosce il valore come una forza potente in grado di sbloccare completamente l'intensità dell'erotismo.

In questo contesto, Kierkegaard osserva acutamente che la musica agisce come il passaggio attraverso il quale l'espressione dell'erotismo viene esplorata senza riserve nella vita di A. Addentrandosi nel linguaggio dei suoni, la musica diventa il linguaggio dell'anima, consentendo una profonda connessione con le emozioni e i desideri più profondi. A infonde nella musica una qualità quasi trascendentale, suggerendo che il profondo impatto della musica trascende il regno del piacere, trasportandolo invece in stati unici di elevata sensualità e intimità.

Kierkegaard approfondisce la relazione tra musica e desiderio, notando che varie composizioni musicali evocano stati d'animo distinti e risvegliano desideri in A. Dalla malinconia lugubre di una sinfonia all'intensità ritmica di un tango appassionato, le esperienze di A esemplificano l'ampia gamma di emozioni che la musica può suscitare. È in questo potere trasformativo della musica che A trova conforto, fuga e una vivida esplorazione dei suoi desideri più profondi.

Ma Kierkegaard non si ferma ai piaceri superficiali delle fasi immediate dell'erotismo. Solleva profonde questioni sull'aspetto paradossale della soddisfazione immediata, rivelando come abbandonarsi al piacere sensoriale possa alla fine rivelarsi insoddisfacente. La ricerca di una gratificazione immediata da parte di A porta a un valore diminuito di fronte alla ripetizione e alla prevedibilità costanti, rendendo in ultima analisi il piacere stesso effimero e vuoto. Kierkegaard spinge i lettori a riflettere sui limiti della gratificazione sensuale e sulla necessità di un livello più profondo di appagamento per sostenere una soddisfazione duratura.

Inoltre, Kierkegaard rivolge la sua attenzione alle dimensioni etiche inerenti alla ricerca estetica dell'erotico. L'immersione di A nella sensualità e la sua incessante ricerca del piacere immediato sollevano importanti interrogativi sulla potenziale vacuità di tale ricerca. Concentrandosi esclusivamente sui propri desideri ed esperienze sensoriali, A si aliena dalle sfere etiche e comunitarie della vita. Questo distacco spinge i lettori a confrontarsi con le possibili conseguenze di una ricerca inesplorata del piacere erotico, sottolineando l'importanza dell'auto-riflessione e della considerazione dell'impatto più ampio delle nostre azioni sugli altri.

In questa sezione, Kierkegaard intreccia magistralmente la contemplazione filosofica con narrazioni e aneddoti accattivanti. Attraverso la lente delle esperienze di A, invita i lettori non solo a esaminare criticamente il proprio rapporto con la musica, la sensualità e il desiderio, ma anche a mettere in discussione la natura stessa dell'esistenza umana. Avvia un processo di introspezione, incoraggiando i lettori ad avventurarsi oltre il fascino superficiale ed esplorare una comprensione più profonda dell'erotismo, che trascende il regno del piacere sensoriale e si addentra nel regno dell'anima.

Comprendere le fasi erotiche:

Le fasi immediate dell'erotismo rappresentano gli incontri preliminari e le attrazioni tra individui. Kierkegaard suggerisce che queste fasi sono spesso guidate dalla seduzione estetica, dove fisicità e sensualità hanno la precedenza. È un regno di gratificazione e piacere immediati, dove il fascino immediato di un'altra persona ci cattura ed eccita.

Kierkegaard paragona l'esperienza dell'erotismo musicale al potere della musica stessa, un linguaggio universale che ha sedotto e incantato l'umanità per secoli. Proprio come le composizioni musicali evocano una serie di emozioni, anche individui diversi possono suscitare in noi varie forme di risposta erotica. Alcune possono risvegliare in noi un desiderio appassionato, un desiderio ardente o una profonda ammirazione, mentre altre possono lasciarci indifferenti o persino disgustati.

Tuttavia, Kierkegaard mette in guardia dal fare affidamento esclusivamente su queste attrazioni immediate come fondamento per un amore e una connessione duraturi. Sebbene servano da punto di partenza, sono spesso superficiali e transitorie, prive della profondità e della sostanza necessarie per la realizzazione a lungo termine. Il fascino dell'incontro iniziale svanisce inevitabilmente, costringendo gli individui a confrontarsi con la realtà della loro compatibilità emotiva e intellettuale.

Inoltre, Kierkegaard pone la questione se le fasi immediate dell'erotismo possano fungere da percorso verso una forma di amore superiore, che trascenda il regno estetico. Egli suggerisce che mentre le attrazioni iniziali possono offrire uno scorcio del potenziale per connessioni più profonde, non possono fungere da unica base per il vero amore. A suo avviso, l'amore autentico richiede una comprensione e una connessione più profonde tra gli individui, che comprendano valori condivisi, aspirazioni ed esperienze reciproche.

Kierkegaard ci sfida a guardare oltre la superficie, a sondare i nostri desideri ed emozioni con introspezione e autoconsapevolezza, e a cercare connessioni basate su interessi comuni e autentica compatibilità. Affidarsi troppo all'iniziale intossicazione della passione può renderci ciechi alle qualità più profonde che favoriscono relazioni significative e durature. L'amore autentico richiede una miscela armoniosa di regni estetici ed etici, un allineamento di attrazione fisica e risonanza emotiva, bellezza e sostanza.

Attraverso la sua esplorazione delle fasi immediate dell'erotismo, Kierkegaard ci invita a riflettere sulla natura transitoria delle attrazioni immediate e sull'importanza di approfondire ulteriormente. Ci esorta a coltivare connessioni profonde che trascendano l'infatuazione iniziale, coltivando relazioni fondate su un'autentica comprensione reciproca. Solo allora l'amore può crescere, trasformarsi ed elevare le nostre vite a nuove vette.

Analisi della connessione tra musica ed esperienza erotica:

La musica, quel sublime linguaggio dell'anima, ha perpetuamente tenuto l'umanità sotto il suo incantesimo, svelando le profondità delle nostre emozioni ed evocando esperienze che trascendono la banalità dell'esistenza. Nel capolavoro di Søren Kierkegaard, Aut-Aut, il profondo legame tra musica ed esperienza erotica viene approfondito con fervore e rigore intellettuale. Nel suo "Stadi immediati dell'erotico, o erotico musicale", Kierkegaard dispiega davanti al lettore un regno in cui i confini tra musica ed erotismo diventano sempre più sfocati, avvolgendo i sensi e catturando l'essenza stessa del nostro essere.

Kierkegaard propone che la musica possieda un immenso potere, che supera i limiti di altre forme d'arte, per evocare e intensificare gli stati emotivi, in particolare quelli di natura erotica. Egli sottolinea che le qualità sensoriali della musica trascendono il linguaggio e il pensiero razionale, parlando direttamente alle profondità della coscienza umana. È all'interno di questo regno ineffabile che l'erotismo musicale si manifesta e ci seduce.

L'erotismo musicale, secondo Kierkegaard, non deve essere confuso con la mera inclusione di temi sessuali nella musica; il suo dominio è molto più ampio e di vasta portata. Comprende una serie di esperienze emotive e psicologiche che risuonano con l'individuo a un livello intimo. È un pellegrinaggio attraverso il labirinto del desiderio, contemplando i paesaggi della passione, del desiderio e della vulnerabilità. L'esperienza musicale avvolge l'ascoltatore, consentendogli di intrecciare i propri desideri e fantasie con l'energia viscerale che emana dalla musica stessa.

Una delle caratteristiche distintive dell'erotismo musicale è la sua soggettività. Laddove le nozioni tradizionali di erotismo spesso implicano una connessione tra due individui, l'erotismo musicale risiede nel regno personale dell'individuo. Diventa un'esplorazione introspettiva e privata, che consente all'individuo di confrontarsi con i propri desideri e fantasie più profondi nel santuario della propria mente. In questo spazio appartato, l'individuo si confronta con le innumerevoli sfumature dei propri desideri, dissotterrando fragilità nascoste e imbarcandosi in un'odissea di auto-scoperta.

La musica, nella sua bellezza multidimensionale, possiede la capacità unica di esprimere ciò che le parole da sole non possono trasmettere. Attinge ai recessi primordiali della psiche umana, risvegliando desideri dormienti e suscitando risposte che sfidano la spiegazione logica. Il potere intrinseco della musica risiede nella sua capacità di aggirare i filtri della mente, bypassando il regno della razionalità e collegandosi direttamente con il regno delle emozioni crude. È in questo spazio trascendentale che l'erotismo musicale prospera.

Kierkegaard chiarisce i molteplici effetti della musica sull'ascoltatore, esplorando vari generi musicali e il loro impatto sul nostro mondo interiore. Si addentra in come una melodia melliflua possa suscitare sentimenti di tenerezza, devozione e affetto, mentre una composizione discordante può evocare disagio, malinconia o persino un senso di disperazione. L'erotismo musicale, afferma Kierkegaard, offre un caleidoscopio di esperienze sensuali attraverso il suono, conducendo l'ascoltatore in un viaggio di trasformazione emotiva.

Ciò che distingue l'erotismo musicale dalle sue controparti è la sua capacità di trascendere i limiti e abbracciare la metamorfosi. Attraverso la musica, l'ascoltatore intraprende un viaggio trasformativo, liberandosi dai confini della propria esistenza mondana e arrendendosi al fascino della narrazione musicale. All'interno di questo regno accattivante, l'ascoltatore abbraccia volentieri i lati luminosi e oscuri della propria natura erotica, attraversando le vette dell'estasi e le profondità della disperazione, il tutto entro i confini sicuri del regno musicale.

Il fascino dell'erotismo musicale nasce non solo dalla sua capacità di evocare emozioni, ma anche dalla sua abilità di plasmare le nostre stesse identità. Diventa una forza trasformativa, che ci ispira a mettere in discussione i confini dei nostri desideri, demolendo le norme sociali e spingendoci ad abbracciare l'intero spettro della nostra sensualità. L'erotismo musicale ci invita alla liberazione, invitandoci ad andare oltre i limiti convenzionali ed esplorare la vasta distesa dei nostri desideri e delle nostre brame.

Per comprendere veramente l'interazione sfumata tra musica ed erotismo, Kierkegaard ci implora di impegnarci profondamente con le nostre esperienze e riflessioni sulla musica. Ci sfida a esplorare i paesaggi emotivi che la musica svela dentro di noi, districando le connessioni tra suono, sensazione e desiderio. Addentrandoci nei nostri personali incontri musicali, possiamo svelare gli strati di significato incastonati nelle nostre esperienze uniche, forgiando una profonda connessione con l'essenza del nostro essere.

In Aut-Aut, Kierkegaard pone domande profonde sulla natura del desiderio, sulle profondità enigmatiche delle emozioni umane e sulla forza indomabile della musica come catalizzatore dell'esperienza erotica. Analizzando la connessione tra musica ed erotismo, invita i lettori a immergersi in un viaggio trasformativo di auto-scoperta, in cui le qualità mistiche della musica si intrecciano con il desiderio umano.

L'erotismo musicale funge da vibrante promemoria del profondo impatto che la musica può avere sull'esperienza umana. Agisce come un ponte, collegando il conscio e l'inconscio, invitandoci a confrontarci con le nostre passioni e vulnerabilità più profonde. Attraverso l'esplorazione di questa connessione da parte di Kierkegaard, i lettori sono costretti ad attraversare le profondità dei propri desideri, ad abbracciare il magnifico potere che la musica detiene sulle nostre vite emotive e a incoraggiare le proprie odissee sonore.

Capitolo XI
PRIMO SAGGIO PRE-SYMPARANEKROMENOI

"Motivo tragico antico riflesso nel moderno":

Nel primo degli "Saggi letti davanti al Symparanekromenoi" di Aut-Aut, intitolato "Motivo tragico antico riflesso nel moderno", l'autore si impegna in un'esplorazione approfondita dell'influenza duratura della tragedia greca antica sul pensiero e l'estetica moderni. Traendo ispirazione da personaggi come Sofocle ed Euripide, Kierkegaard approfondisce il motivo tragico e il suo profondo impatto sulla condizione umana.

Nel corso della storia, la tragedia è servita come un potente mezzo per esplorare le profondità dell'esistenza umana. Offre un palcoscenico su cui le domande più profonde della vita vengono affrontate e contemplate. Kierkegaard approfondisce i vari elementi che rendono la letteratura tragica una parte fondamentale della cultura umana.

Una delle idee centrali che Kierkegaard esplora in questo saggio è il concetto di eroe tragico. Egli sostiene che l'eroe tragico incarna una combinazione unica di grandezza e vulnerabilità, un personaggio complesso a cavallo tra il mortale e il divino. Questa dualità non solo evoca un senso di ammirazione nel pubblico, ma crea anche una tragica ironia in cui, nonostante la loro grandezza, questi eroi sono destinati ad affrontare una tragica caduta.

Kierkegaard suggerisce che la caduta dell'eroe tragico derivi da un difetto fatale o hybris. Questo difetto, spesso orgoglio o ambizione incontrollata, porta l'eroe a sfidare o ignorare l'autorità degli dei, determinandone in ultima analisi la dipartita. L'eroe tragico, nella sua ricerca della grandezza, si confronta con i limiti dell'agenzia umana, illustrando il peso schiacciante della nostra esistenza finita e le conseguenze inevitabili delle nostre azioni.

Inoltre, Kierkegaard approfondisce la tensione tra destino e libero arbitrio che permea il genere tragico. Sostiene che mentre l'eroe tragico possiede un'agenzia e agisce con intenzione, le sue azioni sono in ultima analisi vincolate da un destino predeterminato. Questa interazione tra destino e libero arbitrio assicura che gli esseri umani abbiano l'illusione del controllo, ma rivela simultaneamente l'inevitabilità dei loro risultati. Questa ineluttabile corrente sotterranea di destino si insinua nel tessuto della tragedia, provocando un profondo senso di disperazione e incertezza esistenziale.

Un altro aspetto significativo della tragedia che Kierkegaard esplora è il ruolo della sofferenza e la ricerca di verità più profonde. La tragedia funge da veicolo attraverso cui gli individui si confrontano con le complessità e le contraddizioni dell'esistenza umana. Ci confronta con i difetti e i limiti intrinseci della nostra esistenza, così come con la presenza della sofferenza che pervade il mondo.

Attraverso l'esperienza catartica di assistere alla tragedia, gli individui sono invitati a confrontarsi con la propria mortalità e con le imperfezioni del mondo. La tragedia espone la fragilità della vita umana, spingendoci a riflettere sul nostro scopo e sul nostro posto nel grande arazzo dell'esistenza. Offre uno spazio per l'introspezione e ci costringe a confrontarci con le scomode verità su noi stessi e sulla società in generale.

Nell'esaminare il riflesso di antichi motivi tragici nel mondo moderno, Kierkegaard amplia la sua analisi per includere esempi tratti da letteratura e teatro oltre la tragedia greca. Confronta le opere di William Shakespeare e Johann Wolfgang von Goethe con le loro controparti antiche, evidenziando la continuità di temi e motivi tragici attraverso diverse epoche. Questo confronto illustra come gli elementi fondamentali della tragedia risuonino con il pubblico nel corso della storia, trascendendo i confini culturali e catturando l'essenza dell'esperienza umana.

Inoltre, Kierkegaard riconosce il potere trasformativo della tragedia mentre continua a plasmare il mondo moderno. Sebbene le forme e i mezzi dell'espressione tragica possano cambiare, le domande e i dilemmi sottostanti rimangono costanti. La tragedia, nella sua presenza duratura, riflette la lotta perenne per trovare un significato e, in ultima analisi, affrontare l'inevitabile sofferenza che accompagna l'esistenza umana.

Approfondimento del motivo tragico in Aut-Aut:

Il motivo tragico, derivato dall'antica tragedia greca, funge da lente attraverso cui Kierkegaard esamina la condizione umana. La tragedia, come genere, ha da tempo affascinato l'immaginazione umana per la sua rappresentazione di personaggi intrappolati nel mezzo di dilemmi insormontabili e della loro inevitabile caduta. Traendo ispirazione da questa tradizione, Kierkegaard utilizza il motivo tragico per far luce sulla scelta e sulle lotte esistenziali che affrontiamo.

In Aut-Aut, il motivo tragico serve a molteplici scopi nella sua esplorazione della condizione umana. In primo luogo, sottolinea l'immenso peso delle nostre decisioni e le potenziali conseguenze che ne derivano. Kierkegaard presenta una serie di dilemmi morali in tutto il testo, costringendo i lettori a confrontarsi con la natura ambigua del giusto e dello sbagliato e con i tragici esiti che possono derivare da scelte sbagliate. Collocando i personaggi in situazioni difficili che richiedono loro di prendere decisioni difficili, Kierkegaard porta in primo piano le complessità etiche dell'esistenza umana.

In secondo luogo, il motivo tragico in Aut-Aut serve anche come critica delle norme e degli ideali sociali che confinano gli individui a ruoli e aspettative predeterminati. Kierkegaard riconosce l'elemento tragico nelle lotte affrontate dagli individui che cercano di conformarsi alle aspettative sociali mentre reprimono i loro veri desideri e passioni. Questo tema risuona in tutta l'opera, poiché i personaggi sono raffigurati divisi tra la sfera etica ed estetica, il che porta a una potenziale tragedia nelle loro vite. L'esplorazione di questa tensione da parte di Kierkegaard evidenzia la natura difficile dell'individualità umana e la lotta per vivere autenticamente all'interno di una società conformista.

Inoltre, l'esplorazione del motivo tragico si addentra nella crisi esistenziale affrontata dagli individui quando sono costretti a confrontarsi con i limiti della loro esistenza. Kierkegaard riflette sulle questioni fondamentali della vita umana, come il significato della sofferenza, l'inevitabilità della morte e la possibilità di redenzione. Queste domande, spesso radicate nelle tragiche esperienze degli individui, fungono da catalizzatore per l'introspezione e spingono i lettori a esaminare le proprie vite in mezzo alle inquietanti realtà del mondo in cui viviamo.

Inoltre, Kierkegaard mira a conciliare il tragico con il religioso, postulando che la vera liberazione dal tragico risiede nell'abbracciare un piano di esistenza superiore. Elevando l'individuo a un regno al di là delle preoccupazioni immediate della vita terrena, Kierkegaard suggerisce che si possono trascendere gli aspetti tragici dell'esistenza e trovare conforto in uno scopo più elevato. Sostiene che volgendosi alla fede e connettendosi con il divino, gli individui possono scoprire un percorso alternativo per affrontare le sfide della loro vita.

Nelle pagine di Aut-Aut, le profonde intuizioni di Kierkegaard sul motivo tragico emergono attraverso immagini potenti, analisi introspettive e uno stile retorico che provoca una profonda auto-riflessione. Il suo esame si estende oltre la superficie, esortando i lettori a riflettere sulle questioni fondamentali dell'esistenza umana e ad affrontare le crisi esistenziali che giacciono al centro del loro essere. Alle prese con il motivo tragico, Kierkegaard ci ricorda la natura fragile delle nostre vite e ci esorta ad affrontare le nostre scelte con un accresciuto senso di responsabilità e autoconsapevolezza.

Esaminare l'influenza della tragedia antica sul pensiero moderno:

La tragedia greca antica occupa un posto di rilievo nel discorso di Kierkegaard, in quanto funge da ricca fonte di profonde esperienze ed emozioni umane. Tragedie come Edipo re di Sofocle e Medea di Euripide esplorano complessi dilemmi morali, la condizione umana e la disperazione esistenziale. Questi temi risuonano con le preoccupazioni generali di Kierkegaard in Aut-Aut, come la natura della scelta, la tensione tra passione e ragione e la ricerca di significato in un mondo apparentemente assurdo.

Uno degli aspetti sorprendenti della tragedia antica a cui Kierkegaard fa riferimento è il concetto di fato o destino. In molte tragedie greche, i protagonisti sono vincolati da un destino predeterminato a cui non possono sfuggire. Questa nozione si allinea con l'esplorazione di Kierkegaard del terrore esistenziale causato dalla consapevolezza che le nostre scelte e azioni possono essere limitate da forze al di fuori del nostro controllo. Solleva profonde domande sulla misura in cui possiamo rivendicare la vera libertà o se la libertà sia semplicemente un'illusione di fronte a un destino insondabile e predeterminato.

Kierkegaard amplia il concetto di destino approfondendo l'agenzia umana e la lotta per conciliare i nostri desideri con le limitazioni esterne che ci vengono imposte. Esplora la tensione tra il nostro desiderio di autonomia e il riconoscimento che fattori esterni, come norme sociali, responsabilità e circostanze esterne, modellano e limitano le nostre scelte. Riflettendo su antiche tragedie, Kierkegaard incoraggia i lettori a considerare i modi in cui le nostre vite rispecchiano questo conflitto tra desideri personali e limitazioni esterne, costringendoci in ultima analisi a confrontarci con i confini della nostra stessa agenzia.

Inoltre, Kierkegaard si identifica con il riconoscimento da parte dell'eroe tragico della natura tragica dell'esistenza. L'eroe tragico, nonostante le sue nobili intenzioni, è spesso intrappolato in una rete di circostanze e rimane impigliato nell'ambiguità morale. Kierkegaard sottolinea l'angoscia esistenziale sperimentata dagli individui mentre lottano con il peso delle loro scelte. Evidenzia come la vita stessa sia una sorta di tragedia, in cui gli individui devono attraversare complessi paesaggi morali, spesso trovandosi a un bivio tra valori e desideri in competizione.

D'altra parte, la tragedia antica fornisce a Kierkegaard una lente per esaminare la passione e il desiderio umani. La ricerca dei desideri degli eroi tragici, che si tratti di amore, potere o vendetta, spesso li porta in regni di profonda sofferenza e conflitto morale. Kierkegaard esplora la natura distruttiva della passione incontrollata in Aut-Aut, approfondendo le conseguenze della ricerca della gratificazione immediata senza considerare le implicazioni etiche. Attraverso la tragedia antica, contempla le profondità delle emozioni umane e l'intreccio di desiderio e sofferenza, invitando infine i lettori a riflettere sulle proprie passioni e desideri e sulle conseguenze della loro ricerca.

Kierkegaard usa la tragedia antica per sollevare questioni essenziali sulla natura della moralità e sui suoi fondamenti soggettivi. Gli eroi tragici lottano con la loro lotta interiore tra ciò che si desidera e ciò che si dovrebbe fare, alle prese con dilemmi etici di fronte a valori contrastanti. Kierkegaard esplora la tensione intrinseca tra desideri personali e responsabilità morale, evidenziando che una vita veramente etica necessita di riflessione e azione deliberata. Impegnandosi con la tragedia antica, Kierkegaard esorta i lettori a esaminare criticamente i propri quadri etici, spingendoli a mettere in discussione le fonti dei propri valori morali e a considerare le conseguenze delle proprie scelte alla luce degli standard etici universali.

Evidenziando l'influenza della tragedia antica sul pensiero moderno, Kierkegaard dimostra la rilevanza duratura di queste narrazioni senza tempo come veicoli per esplorare le questioni fondamentali dell'esistenza umana. Egli posiziona la tragedia come una struttura essenziale attraverso la quale possiamo comprendere le nostre vite e confrontarci con le contraddizioni e i limiti intrinseci della nostra esistenza. Attraverso la lente della tragedia antica, Kierkegaard consente ai lettori di contemplare le profonde sfide dell'essere umano, alle prese con la crisi esistenziale della scelta, la natura tragica delle nostre circostanze e il significato delle nostre passioni e desideri nel forgiare un'esistenza significativa.

Capitolo XII
SECONDO SAGGIO PRE-SYMPARANEKROMENOI

"Ombragrafi: un passatempo psicologico":

Nel secondo dei "Saggi letti prima dei Symparanekromenoi" di Aut-Aut, intitolato "Ombragrafi: un passatempo psicologico", Kierkegaard si addentra nel regno dell'immaginazione ed esplora le profonde intuizioni psicologiche che si possono trarre dall'atto di creare ombregrafi.

Gli ombragrafis, o giochi d'ombra, hanno una lunga storia radicata nelle antiche civiltà, dove venivano usati per intrattenimento, narrazione e rituali religiosi. La scelta di Kierkegaard di esaminare questa forma d'arte non è casuale, ma piuttosto un tentativo deliberato di scoprire le profondità nascoste della psicologia umana.

Attraverso la manipolazione della luce e dei gesti delle mani, gli ombragrafi offrono un'esperienza visiva unica che confonde i confini tra realtà e illusione. Kierkegaard sostiene che questo spazio liminale è dove risiede il potere degli ombragrafi, poiché costringe l'osservatore a confrontarsi con la natura della percezione stessa.

Quando ci si impegna con gli ombragrafi, l'osservatore si confronta con una serie di forme e movimenti transitori. Queste immagini fugaci evocano emozioni, ricordi e desideri nell'osservatore, portandolo in un viaggio che trascende i confini del tempo e dello spazio. Kierkegaard suggerisce che l'atto di interpretare queste figure oscure rivela non solo la costituzione psicologica dell'osservatore, ma anche la sua relazione con il mondo esterno.

Le ombre, nella loro semplicità ed enigma, diventano uno specchio per l'esperienza umana. Proprio come l'osservatore proietta le proprie interpretazioni sulle ombre, proietta anche i propri desideri, paure e ansie sul mondo che percepisce. Kierkegaard suggerisce che questa osservazione evidenzia la natura intrinsecamente soggettiva della realtà, dove ogni individuo costruisce la propria versione unica del mondo in base alle proprie percezioni e pregiudizi inconsci.

Inoltre, Kierkegaard introduce la nozione che gli ombragrafi possiedono una qualità trasformativa. Impegnandosi nella creazione o nell'osservazione degli ombragrafi, gli individui trascendono i limiti della loro esistenza fisica. Le ombre diventano un'estensione della loro psiche, offrendo uno spazio sicuro per esplorare gli angoli nascosti dei loro pensieri ed emozioni.

In questo viaggio psicologico, gli individui si confrontano con temi di autoriflessione e interrogativi esistenziali. Le ombre, con la loro capacità di imitare la realtà pur rimanendo entità distinte, rappresentano la situazione esistenziale degli individui intrappolati tra la propria soggettività e il mondo oggettivo che li circonda. Le ombre agiscono come promemoria del fatto che le nostre percezioni potrebbero ingannarci, spingendoci a mettere in discussione la natura della nostra esistenza e l'autenticità delle nostre esperienze.

Kierkegaard suggerisce che questa tensione espone il desiderio di significato, scopo e autenticità dell'individuo. Impegnandosi con le ombre, gli individui sono spinti a confrontarsi con il paradosso esistenziale di essere nel mondo ma anche di esserne separati. Le ombre servono come metafora della natura sfuggente della verità e del significato, spingendo gli individui verso una continua ricerca di auto-scoperta e una comprensione più profonda del loro posto nel mondo.

Inoltre, Kierkegaard afferma che impegnarsi con gli ombra-grafi consente agli individui di confrontarsi con la propria di-sperazione e di affrontare le crisi esistenziali che si annidano dentro di loro. Le ombre, amplificando le lotte e le incertezze della vita, diventano un veicolo per l'auto-scoperta e la cre-scita. È attraverso il riconoscimento e l'accettazione della pro-pria disperazione che gli individui possono trovare la forza di trascenderla e perseguire un'esistenza più ricca e autentica.

L'atto di creare ombragrafi diventa di per sé una rappresenta-zione simbolica del processo creativo insito nell'esistenza umana. Quando gli individui si impegnano nell'impresa arti-stica di creare ombre, attingono ai propri poteri creativi, dando forma ai loro pensieri ed emozioni più intimi. Kierkegaard sug-gerisce che questo atto di creazione non si limita solo agli om-bragrafi, ma si estende a tutti gli aspetti dell'esistenza umana, dove gli individui danno forma alle loro vite attraverso le loro scelte, azioni e interpretazioni.

Le complessità degli Ombragrafi:

Gli ombragrafis, un'antica forma d'arte nota anche come gio-chi d'ombra, rinvigoriscono l'immaginazione facendo emer-gere forme misteriose e figure eteree attraverso l'interazione di luce e oscurità. Kierkegaard impiega questo ingegnoso passatempo come metafora per esplorare le profondità della psicologia umana e le sfaccettature enigmatiche che sono alla base della nostra autopercezione.

L'autore inizia questo avvincente saggio svelando l'irresisti-bile fascino e l'intrinseca attrattiva degli ombragrafi. Egli po-stula che, attraverso il mezzo degli ombragrafi, intrapren-diamo un viaggio per dissotterrare le molteplici dimensioni della natura umana, fornendoci preziose intuizioni sulla vasta distesa del sé. Proprio come un artista manipola le ombre con dita agili o oggetti per creare varie immagini, gli individui creano abilmente le proprie identità, presentando al mondo diverse sfaccettature di se stessi.

L'arte degli ombragrafi, con le sue radici storiche che abbracciano secoli e continenti, cattura il fascino universale per l'interazione tra luce e oscurità. Dall'antica tradizione cinese del teatro delle ombre, dove i disegni vengono accuratamente ritagliati dalla carta e portati in vita dalla luce tremolante delle candele, agli elaborati spettacoli di ombre del Sud-est asiatico, dove storie di amore, tragedia ed eroismo vengono rappresentate attraverso le sagome proiettate su uno schermo traslucido, gli ombragrafi incantano il pubblico di tutte le culture e generazioni. Questo fascino interculturale attesta l'innato desiderio umano di addentrarsi negli enigmatici recessi del sé ed esplorare l'interazione tra luce e oscurità, sia esternamente che internamente.

Inoltre, Kierkegaard ci spinge a contemplare la natura transitoria degli ombragrafi. Le ombre, simili ai nostri sé in continuo cambiamento, si trasformano incessantemente, dettate dall'incessante danza della luce. Proprio come la posizione del sole nel cielo proietta ombre di diverse lunghezze e forme, la nostra autopercezione subisce continue trasformazioni, influenzate da circostanze esterne e crescita interna. È in questa perpetua effervescenza che troviamo un toccante promemoria della transitorietà della nostra comprensione del sé. Le ombre negli ombragrafi, effimere e sfuggenti, simboleggiano non solo la natura transitoria della nostra autopercezione, ma anche l'impermanenza della nostra identità.

D'altro canto, Kierkegaard approfondisce l'aspetto performativo degli ombragrafi. Proprio come ci impegniamo in un atto deliberato di creazione e manipolazione di immagini ombra, creiamo consapevolmente la nostra immagine agli occhi degli altri. La persona che presentiamo al mondo, sia nel nostro aspetto fisico che nelle interazioni sociali, diventa un arazzo tessuto dall'interazione di luce e oscurità. Questa dimensione performativa ci consente di delimitare i confini tra autenticità e maschere che indossiamo in vari contesti sociali. Attraverso gli ombragrafi, riflettiamo sulla danza dell'identità, contemplando le sottili sfumature tra chi siamo veramente e chi desideriamo essere percepiti come.

Nel regno degli ombragrafi, Kierkegaard scopre profonde implicazioni psicologiche. Le ombre, suggerisce, servono come una potente rappresentazione degli aspetti repressi o inconsci della nostra psiche. Queste ombre nascoste incarnano desideri repressi, paure e conflitti irrisolti che possono eludere la nostra consapevolezza cosciente. Impegnarsi con gli ombragrafi ci offre un'opportunità unica di portare alla luce queste ombre interiori, favorendo una comprensione più profonda del nostro sé complesso. Mentre cerchiamo di catturare e dare forma alle ombre sfuggenti proiettate dall'interazione di luce e oscurità, intrecciamo simultaneamente i frammenti del nostro subconscio, integrandoli nell'arazzo della nostra autocoscienza.

Inoltre, gli ombragrafi ci permettono di esplorare il regno della dualità e del paradosso. Proprio come le ombre sono inseparabili dalla luce, la nostra comprensione di noi stessi è intrecciata con le ombre proiettate dai nostri ruoli sociali, dalle aspettative e dalle percezioni degli altri. Le ombre che proiettiamo sul mondo incapsulano la natura multidimensionale del nostro essere, comprendendo sia gli aspetti pieni di luce che riveliamo prontamente sia le profondità nascoste che rimangono nascoste. Gli ombragrafi ci permettono di interrogare l'interazione dinamica tra queste forze opposte, la tensione tra individualità e conformità e l'equilibrio tra vulnerabilità e autoconservazione.

Approfondimenti e osservazioni psicologiche:

Come accennato, questo saggio ha la forma di un dialogo immaginario tra due personaggi, A e B, dove A è la voce dell'autore.

Kierkegaard apre il suo saggio approfondendo il concetto di ombragrafi e il loro significato metaforico. Gli ombragrafi, suggerisce, non sono semplici illusioni, ma rappresentazioni degli aspetti nascosti del nostro essere, le parti che spesso giacciono negli angoli oscuri della nostra mente subconscia. Questi ombragrafi non sono entità statiche e definite, ma espressioni fluide della costante interazione tra i regni conscio e inconscio. Come ombre proiettate dalle fiamme tremolanti di un fuoco, danzano e cambiano, rivelando frammenti del nostro vero sé.

Nel corso del saggio, Kierkegaard presenta una serie di osservazioni e riflessioni psicologiche, svelando la rete dell'esistenza umana. Esplora come gli individui costruiscono maschere per conformarsi alle aspettative della società, approfondendo la natura dell'individualità e la lotta tra autenticità e conformismo. Queste maschere spesso si sviluppano da un desiderio di accettazione e dalla paura del rifiuto, con conseguente graduale immersione del proprio sé autentico sotto strati di finzione e conformismo.

Kierkegaard va oltre il livello superficiale di queste identità costruite e introduce il concetto di "doppia riflessione", un fenomeno psicologico che ha profonde implicazioni per la psiche umana. Osserva che gli individui considerano costantemente la propria autopercezione mentre sono simultaneamente consapevoli di come gli altri li percepiscono. Questa incessante negoziazione interna tra autopercezione e percezione sociale crea un senso frammentato di sé, che porta a una dissonanza tra la maschera che si indossa e la vera essenza sottostante. La complessa danza di autoconsapevolezza e aspettative sociali influenza le proprie scelte, desideri e interazioni, aggrovigliando ulteriormente i fili dell'identità.

Mentre si addentra nella psiche umana, Kierkegaard esamina i desideri e le passioni contrastanti che guidano gli individui. Riconosce che i nostri desideri spesso sono in conflitto tra loro, portando a lotte e dilemmi interiori che modellano le nostre scelte. La ricerca di piaceri immediati o momentanei senza considerare le implicazioni più profonde può lasciare gli individui vuoti e insoddisfatti, rendendosi conto della natura transitoria di tali indulgenze. Kierkegaard esorta i lettori a cercare uno scopo più profondo, uno che si allinei con il loro sé autentico e fornisca una soddisfazione duratura al di là dei piaceri fugaci.

Inoltre, Kierkegaard esplora il ruolo dell'autoinganno nella psicologia umana. Egli postula che gli individui spesso ingannano se stessi sui loro veri desideri e motivazioni, creando un velo di illusione per proteggersi dal disagio che l'autoconsapevolezza potrebbe portare. Questo autoinganno non solo oscura la percezione della realtà, ma perpetua anche la dissonanza tra il sé proiettato e il sé autentico. Kierkegaard sottolinea l'importanza dell'autoconsapevolezza e dell'autoaccettazione nell'affrontare la mente umana, perché è attraverso l'abbraccio delle ombre interiori che si può iniziare a integrare gli aspetti frammentati del sé e sperimentare un senso di completezza.

Capitolo XIII
TERZO SAGGIO PRE-SYMPARANEKROMENOI

"Il più infelice":

Nel terzo dei "Saggi letti prima dei Symparanekromenoi" Aut-Aut, intitolato "Il più infelice", l'autore approfondisce la nostra comprensione della disperazione esistenziale e delle sue manifestazioni nell'esperienza umana. Attraverso la sua esplorazione della sofferenza umana, Kierkegaard scopre le dimensioni multiformi dell'infelicità, illuminando i meccanismi interiori che governano la nostra esistenza.

Fin dall'inizio, le parole di Kierkegaard risuonano con una struggente risonanza che parla alle profondità della disperazione umana: "L'infelice è colui che è sempre solo; l'infelice è colui che non dimentica mai di essere stato felice una volta; l'infelice è colui che deve sempre aspettare".

Kierkegaard approfondisce ulteriormente la nozione di solitudine, spiegando che l'infelicità che deriva dalla solitudine non è limitata all'isolamento fisico. Piuttosto, è radicata in una solitudine esistenziale che deriva dalla profonda consapevolezza dell'individuo della propria particolarità e dall'incapacità di condividere pienamente le proprie esperienze e il proprio mondo interiore con gli altri. Questa solitudine travolge il loro stesso essere, incapsulando la loro esistenza in un isolamento profondo e incessante.

Spiegando questa base, Kierkegaard approfondisce il concetto di memoria e il suo ruolo nella felicità umana. Sostiene che l'individuo infelice è gravato da un acuto senso di ricordo. È tormentato dal passato, dove un tempo ha assaporato il dolce nettare della felicità, solo per vederlo scivolare via dalla sua presa come sabbia. Tuttavia, questi sprazzi momentanei di gioia si trasformano in amari promemoria di ciò che non può più raggiungere. La memoria, nella sua incessante ricerca di piaceri passati, intensifica la loro infelicità, portandoli a desiderare, con una speranza sempre più svanita, la felicità sfuggente che diventa sempre più irraggiungibile.

Inoltre, Kierkegaard introduce il concetto di attesa come caratteristica distintiva del più infelice. L'individuo confinato dall'infelicità assume il ruolo di un eterno aspettante, intrappolato nell'attesa perpetua di un cambiamento nelle circostanze, di forze esterne che si allineano a suo favore o semplicemente di una felicità che si materializza miracolosamente. Questo stato di desiderio perpetuo genera frustrazione e approfondisce il senso di disperazione, lasciandoli saldamente trincerati in uno spazio liminale di aspettative non soddisfatte.

Nel corso dell'esteso saggio, Kierkegaard sottolinea brillantemente la natura universale dell'infelicità. Egli postula che si tratti di un'esperienza condivisa, un filo conduttore che unisce tutti gli individui. Mentre alcuni possono sperimentare fugaci momenti di contentezza o temporanee tregue dall'angoscia, nessuno è in definitiva esente dal profondo senso di insoddisfazione che accompagna la condizione umana. Tuttavia, Kierkegaard riconosce anche che alcuni individui, a causa di circostanze uniche e disposizioni interiori, sono più suscettibili a un senso di infelicità più profondo e profondo, le loro sofferenze amplificate a livelli sbalorditivi.

Kierkegaard suggerisce abilmente che il percorso per superare questo stato di disperazione risiede in un risveglio spirituale e in una profonda connessione con il divino. Egli postula che trascendere la solitudine esistenziale e il peso dei ricordi richiede un radicale cambiamento di prospettiva, un volgersi verso il regno spirituale. Nel trovare conforto, conforto e, in ultima analisi, un senso di scopo in questa connessione divina, si può iniziare ad alleviare il peso della disperazione esistenziale. Attraverso una devozione incrollabile al divino, gli individui scoprono nuove dimensioni di significato, trasformando le loro esperienze di infelicità in opportunità di crescita, trascendenza e realizzazione interiore.

Svelare il concetto di persona più infelice:

La nozione di Kierkegaard del "più infelice" penetra i recessi più profondi della psiche umana, illuminando le profondità della disperazione e il desiderio pervasivo di comprensione di fronte a un universo indifferente. Questo individuo è gravato non solo dal peso delle circostanze esterne, ma da un'angoscia esistenziale che emerge da una profonda consapevolezza della propria esistenza.

Il più infelice si ritrova intrappolato in un ciclo incessante di auto-interrogativi e incessante introspezione. Allo stesso tempo distaccato dal mondo che lo circonda e dolorosamente consapevole del proprio isolamento, questo individuo si confronta con le questioni fondamentali di scopo, identità e il significato intrinseco dietro la sua stessa presenza in questo vasto e misterioso universo.

La solitudine diventa la loro compagna costante, mentre anelano a una connessione e a un senso di appartenenza in un mondo che sembra indifferente alla loro sofferenza. Sono testimoni del flusso incessante della vita, osservatori imparziali intrappolati nelle correnti vorticose dell'esistenza umana. Ogni momento che passa li avvicina al precipizio della disperazione, dove il fascino della resa e della rassegnazione minaccia di travolgere il loro fragile senso di sé.

Eppure, in questo tetro panorama, il più infelice si trova di fronte a una scelta trasformativa. Si trova al bivio tra una disperazione irrecuperabile e un coraggioso viaggio di auto-scoperta. Mentre il percorso verso la redenzione rimane insidioso, offre il potenziale per una profonda comprensione di se stessi e del proprio posto nell'universo.

La rappresentazione di Kierkegaard dell'essere più infelice non si limita a una singola persona, ma comprende un arazzo di individui diversi che incarnano l'essenza di questo stato. Mentre le loro narrazioni si dispiegano, dipingono un vivido ritratto della turbolenza interiore e della crisi esistenziale che può consumare l'esistenza umana. Attraverso le loro storie, i lettori sono invitati a intraprendere un viaggio personale di introspezione e contemplazione, scrutando nelle proprie profondità per lottare con le domande che definiscono il loro stesso essere.

Il più infelice funge da inquietante promemoria della fragilità e della natura complessa della nostra comune condizione umana. Ci costringe a mettere in discussione le nozioni sociali di felicità e appagamento, portando alla luce la discordanza di fondo tra le nostre aspettative e le incerte realtà della vita. Attraverso questo viaggio introspettivo, ci troviamo faccia a faccia con le nostre paure, i nostri desideri e le nostre vulnerabilità, svelando l'arazzo del nostro sé interiore.

Disperazione esistenziale e le sue manifestazioni:

La disperazione esistenziale, secondo Kierkegaard, nasce da un'acuta consapevolezza della tensione tra le infinite possibilità di ciascuno e i limiti dell'esistenza. Egli sostiene febbrilmente che, mentre gli esseri umani possiedono un potenziale infinito, sono per sempre confinati nei confini delle loro vite finite. Questa discrepanza, questo abisso spalancato, può causare grande angoscia e disperazione, portando gli individui a mettere in discussione l'essenza e lo scopo della loro esistenza.

Centrale per la comprensione di Kierkegaard della disperazione esistenziale è l'idea che essa non sia radicata solo in
circostanze esterne, ma sia un aspetto intrinseco della condizione umana. In questo senso, è una situazione difficile che
trascende il tempo, la cultura e il contesto sociale. Indipendentemente dalle circostanze esterne, il profondo senso di
mancanza di senso e disperazione può pervadere la vita di
una persona. Questa angoscia penetra in profondità nel nucleo dell'essere, lasciandola persa e disorientata, alla disperata ricerca di uno scopo in un mondo intrinsecamente assurdo.

Una delle principali manifestazioni della disperazione esistenziale discussa da Kierkegaard è la fase estetica. Qui, l'individuo rimane intrappolato in una ricerca edonistica di piaceri
momentanei e distrazioni esterne. In questa visione del
mondo, l'enfasi è posta sull'immediato e sul sensuale, come
mezzo per sfuggire alla disperazione dell'esistenza. L'esteta
cerca di riempire il vuoto nella propria anima con esperienze,
indulgenze e beni materiali. Tuttavia, Kierkegaard sostiene
che questo approccio fornisce solo un sollievo superficiale,
lasciandoli alla fine più vuoti di prima. L'insaziabile desiderio
di gratificazione esterna perpetua la loro disperazione anziché fornire una soluzione duratura. La fase estetica è alla costante ricerca di novità, sempre alla ricerca del prossimo bri-
vido, ma mai veramente soddisfatto.

Riconoscendo i limiti della fase estetica, Kierkegaard introduce l'individuo etico come la fase successiva nell'esplorazione della disperazione esistenziale. L'individuo etico riconosce la vacuità della ricerca estetica e si sforza di impegnarsi
in azioni responsabili, conformandosi alle norme e ai valori
sociali. Incorporano un senso del dovere e della responsabilità, cercando di stabilire un quadro morale ed etico coerente.
Mantenendo gli impegni verso gli altri e la società, sperano di
mitigare la disperazione trovando un significato nelle loro

relazioni condivise e nel contributo che danno al bene superiore. Tuttavia, nonostante le loro nobili intenzioni, Kierkegaard sostiene che persino la fase etica non affronta completamente l'angoscia esistenziale che giace nel profondo del loro essere. I confini delle aspettative sociali e l'aderenza ai quadri morali possono ancora farli sentire insoddisfatti e disconnessi. L'individuo etico può arrivare a mettere in discussione le fondamenta stesse su cui poggia il loro senso di significato e scopo, portando a un profondo senso di disillusione e disperazione.

Infine, Kierkegaard presenta l'individuo religioso come la fase finale nell'esplorazione della disperazione esistenziale. Questo individuo riconosce la futilità di trovare un significato esclusivamente all'interno delle sfere estetiche ed etiche e si volge verso la fede e la trascendenza. Attraverso un salto di fede, l'individuo religioso cerca di stabilire una relazione profondamente personale e trasformativa con il divino. Desidera ardentemente una connessione oltre i limiti della sua esistenza finita, trovando conforto di fronte alla disperazione esistenziale attraverso la sua fede in qualcosa di più grande di sé. Kierkegaard postula che questo salto di fede, questa resa all'ignoto, garantisce all'individuo religioso l'accesso a un significato e uno scopo più profondi che trascendono i confini della comprensione umana. Rinunciando al suo tentativo di comprendere l'inesplicabile, trova conforto e appagamento. La sua disperazione si trasforma in un viaggio verso una verità eterna e infinita.

Kierkegaard si attiene fermamente alla convinzione che la vera risoluzione della disperazione esistenziale risieda nel riconoscere i limiti dell'esistenza umana e nell'accettare la natura paradossale della vita. L'individuo deve affrontare la propria disperazione esistenziale a testa alta, resistendo alle tentazioni di un escapismo superficiale o di distrazioni.

Capitolo XIV
IL PRIMO AMORE

Il concetto di Kierkegaard:

Kierkegaard inizia contrapponendo la natura idealizzata del primo amore alla realtà delle relazioni che seguono. Sostiene che il primo amore occupa un posto unico nei nostri cuori e nei nostri ricordi perché rappresenta un ideale irraggiungibile. Questa esperienza iniziale di amore diventa spesso uno standard in base al quale vengono misurate tutte le relazioni successive, portando a delusione e insoddisfazione.

Il fascino del primo amore risiede nella sua capacità di trasportarci in un regno di incanto e possibilità. È un momento in cui siamo più vulnerabili, esplorando con entusiasmo l'emozionante ignoto del romanticismo. In questa fase, le emozioni sono amplificate e il mondo sembra ruotare esclusivamente attorno all'amato. Siamo affascinati dal solo pensiero della sua presenza e ogni interazione diventa permeata di profondo significato.

Kierkegaard poi approfondisce la natura della passione nel primo amore, sottolineandone l'intensità e l'irrazionalità. Il primo amore è una frenesia passionale che accende le nostre anime, spingendoci all'estasi o alla disperazione. L'intensità di questa emozione può essere travolgente, portando ad azioni impulsive e pensieri irrazionali. È un fuoco che ci consuma, esigendo la nostra massima attenzione e devozione.

Nel regno del primo amore, Kierkegaard esplora il potere trascendente del desiderio. Il desiderio di possedere ed essere posseduti, il desiderio di fondere il proprio essere con l'amato e il desiderio di sperimentare una connessione profonda che sfida i confini del tempo e dello spazio. Il desiderio diventa la forza trainante del primo amore, trasmutando l'esistenza ordinaria in un regno straordinario pieno di possibilità.

Kierkegaard analizza il ruolo dell'immaginazione nel primo amore, sottolineando come essa modella la nostra percezione dell'amato. In questo stato idealizzato, l'immaginazione costruisce una visione dell'amato come impeccabile e perfetto, spesso oscurandone i difetti e i limiti. È questa immagine idealizzata che alimenta la passione e il desiderio associati al primo amore. Tuttavia, questa idealizzazione può anche creare un'illusione pericolosa, accecandoci alla vera natura dell'amato e inibendo la comprensione e la connessione genuine.

Eppure, Kierkegaard riconosce la natura transitoria del primo amore. Con il passare del tempo, i sentimenti intensi iniziali svaniscono e la realtà si fa sentire. L'amato diventa una persona reale con imperfezioni e complessità, sfidando l'immagine idealizzata creata dall'immaginazione. Questa consapevolezza segna una svolta nella relazione, che porta alla disillusione o all'opportunità di una connessione più profonda e matura.

Kierkegaard ci esorta ad accogliere questa trasformazione. Ci invita a trascendere la natura effimera del primo amore e ad evolvere verso una comprensione più profonda dell'affetto. Il vero amore, suggerisce, può essere trovato solo accettando le imperfezioni dell'amato e abbracciando le sfide che derivano dall'impegno a lungo termine.

Il primo amore, sebbene significativo, è semplicemente una base su cui si costruiscono le relazioni future. Fornisce lezioni preziose su noi stessi, i nostri desideri e la nostra capacità di amare. È un'iniziazione al complesso mondo delle relazioni, che ci insegna la vulnerabilità, il sacrificio e l'equilibrio tra passione e ragione.

Approfondendo il concetto di primo amore, Kierkegaard indaga le dinamiche di potere che spesso sorgono all'interno di queste relazioni. Evidenzia il ruolo del potere e del controllo che esiste tra amanti, in particolare nelle prime fasi di una relazione romantica. Con l'euforia del primo amore che alimenta i nostri desideri, spesso cerchiamo di manipolare o possedere l'amato per assicurarci che ricambi i nostri sentimenti. Questa lotta di potere può portare all'erosione della fiducia e dell'autenticità, sabotando in ultima analisi le fondamenta di una relazione genuina.

Ampliando la nozione di autenticità, Kierkegaard approfondisce la sfida di mantenere la nostra individualità nel contesto del primo amore. Mentre veniamo consumati dalle potenti emozioni e dai desideri associati a questo incontro iniziale, è facile perdere di vista la nostra identità. Potremmo ritrovarci a modellare i nostri pensieri, interessi e persino valori per allinearli a quelli della persona amata, temendo che qualsiasi deviazione possa mettere a repentaglio il caro legame. Tuttavia, Kierkegaard ci ricorda che il vero amore dovrebbe abbracciare l'autenticità di entrambi gli individui, consentendo a ciascuno di crescere e prosperare pur continuando a coltivare una profonda connessione.

Inoltre, Kierkegaard esplora il ruolo delle aspettative e delle norme sociali nel plasmare la nostra esperienza del primo amore. La società spesso impone nozioni predeterminate su come dovrebbe essere l'amore, spingendo così gli individui a conformarsi a questi ideali. Questa influenza esterna può innescare un tumulto interiore, poiché l'esperienza autentica del primo amore si scontra con le aspettative della società. Kierkegaard ci esorta a sfidare queste convenzioni sociali, sostenendo un amore che sia genuino, unico e fedele alla nostra essenza individuale.

Infine, Kierkegaard affronta la natura agrodolce del primo amore. Mentre il primo amore è spesso ricordato con affetto e nostalgia, non è immune al crepacuore. L'intensità delle emozioni provate nel primo amore può portare a un dolore devastante quando la relazione viene interrotta. Kierkegaard approfondisce il processo di guarigione e crescita che segue tale crepacuore. Sottolinea l'importanza dell'auto-riflessione, della resilienza e dell'apprendimento da queste esperienze per andare avanti e aprirci a connessioni future.

Analisi della rappresentazione del primo amore:

Il primo amore, come sottolinea Kierkegaard, è spesso avvolto in una percezione idealizzata. Nel regno di questo incontro iniziale, gli individui proiettano i loro desideri, speranze e sogni sulla persona che amano. L'amato diventa una tela su cui vengono dipinte le loro aspirazioni e i loro desideri più cari. In questo mondo immaginario dell'amore, ogni interazione con l'amato diventa carica di significato e significato. Le loro parole, i loro gesti e persino il loro silenzio sono intrisi di una profonda profondità che evoca una gamma di emozioni, dall'euforia al dolore.

Tuttavia, questa idealizzazione può anche dare origine a disillusione se la realtà non riesce a soddisfare queste elevate aspettative. Il divario tra l'immaginato e il reale può essere stridente e scoraggiante. Eppure, è proprio a causa di questa natura idealizzata del primo amore che esso detiene un potere così immenso. Funge da catalizzatore per l'auto-scoperta e la trasformazione, spingendo gli individui verso una comprensione più profonda di se stessi e dei propri desideri.

L'intensità e la passione associate al primo amore plasmano non solo le emozioni, ma anche le azioni e le convinzioni degli individui. Kierkegaard sottolinea che il primo amore può fungere da fiamma ardente, riscaldando i cuori degli amanti e alimentando le loro ricerche. L'amato diventa il punto focale del loro mondo, una stella guida che li conduce verso i loro desideri e aspirazioni più profondi. Questa devozione appassionata infonde ogni aspetto della vita, dal banale allo straordinario, mentre gli individui si ritrovano attratti dall'esplorazione di nuovi territori e dalla scoperta di aspetti nascosti del proprio essere.

Eppure, in mezzo a questo fervido ardore, Kierkegaard porta anche l'attenzione sull'equilibrio tra il primo amore e la sfera etica. Mentre il primo amore può risvegliare le passioni e i desideri di una persona, può anche sviare gli individui nel regno dell'estetica, dove la gratificazione immediata ha la precedenza sulle considerazioni etiche. La ricerca dei propri desideri può avvenire a scapito degli obblighi morali verso gli altri. Kierkegaard ci implora di promuovere questo equilibrio, assicurandoci che il nostro amore rimanga intrecciato con le nostre responsabilità etiche, forgiando un'armonia tra i nostri desideri e i nostri doveri.

Nel contemplare la rappresentazione del primo amore, Kierkegaard invita i lettori a riflettere sulle proprie esperienze e sull'impatto duraturo di questo incontro iniziale con l'amore. Egli svela la complessità delle emozioni che emergono durante questo importante capitolo della vita, che spaziano dall'euforia e dalla gioia al dolore e alla disperazione. È in questa cruda vulnerabilità che gli individui trovano una profonda connessione con se stessi e con gli altri, scoprendo strati di emozioni e svelando il loro vero sé.

Kierkegaard si addentra nel profondo senso di meraviglia che accompagna il primo amore, come se gli occhi e le orecchie di qualcuno si fossero risvegliati a un nuovo regno dell'esistenza. Il mondo appare più luminoso, più vibrante e pieno di potenziale. Ogni piccolo dettaglio diventa significativo, permeato dalla grandiosità della presenza dell'amore. È in questo stato elevato dell'essere che gli individui sono capaci di sperimentare le profondità profonde dell'amore.

In definitiva, l'esplorazione del primo amore di Kierkegaard serve a qualcosa di più di una semplice analisi introspettiva. Esorta i lettori a confrontarsi con le profondità del loro panorama emotivo, svelando le complessità che vi si celano. La prima esperienza amorosa diventa uno specchio che riflette non solo le profondità del proprio affetto, ma anche le profondità della propria auto-scoperta.

Attraverso le sue osservazioni penetranti e le sue profonde riflessioni, Kierkegaard ci lascia con una domanda toccante: in che modo il primo amore plasma la traiettoria delle nostre vite? Gli permettiamo di diventare una forza trainante per la crescita personale e l'auto-scoperta, oppure soccombiamo alla sua natura transitoria, rimanendo impigliati nel labirinto dei nostri desideri?

Esplorare il ruolo della passione e delle relazioni idealizzate:

Kierkegaard presenta ai suoi lettori il racconto di un giovane uomo che si infatua di una donna affascinante, che chiama Cordelia. Questo giovane uomo, che rimane senza nome nella narrazione, prova un amore intenso e passionale per Cordelia, credendo che sia la sua unica vera anima gemella. Diventa completamente consumato dal suo amore per lei e costruisce un'immagine idealizzata della loro relazione nella sua mente.

La rappresentazione del primo amore in Aut-Aut evidenzia la natura estetica dell'esperienza. Il giovane è incantato dalla bellezza, dal fascino e dal mistero di Cordelia, percependola attraverso una lente puramente sensuale. La passione tra loro è raffigurata come l'apice della fase estetica, dove sentimenti e desideri sono fondamentali.

L'esplorazione del primo amore di Kierkegaard è una finestra sulle emozioni umane. Egli si addentra nella psiche del giovane e seziona la natura tumultuosa dell'infatuazione. Questo primo amore non è solo un semplice sentimento romantico, ma una forza totalizzante che colora ogni aspetto dell'esistenza del giovane. Diventa il fondamento su cui costruisce la sua identità e il suo scopo.

Attraverso questa narrazione, Kierkegaard invita i lettori a riflettere sulla natura della passione e sui rischi intrinseci delle relazioni idealizzate. Mentre l'infatuazione del giovane può sembrare gloriosa e totalizzante, in ultima analisi funge da monito contro le potenziali insidie del vivere esclusivamente nel regno estetico.

Kierkegaard presenta l'amore come una forza potente che spinge gli individui in avanti ma li rende anche ciechi alla realtà. Riconosce l'intensità e il potere trasformativo della passione, che può portare gli individui a vivere momenti estatici di connessione e gioia. Tuttavia, sottolinea anche la natura transitoria di tali esperienze, mettendo in guardia contro i pericoli di fissarsi su una singola immagine idealizzata.

L'amore del giovane per Cordelia si dimostra tumultuoso e insostenibile, mentre lui viene consumato dalla gelosia e dalla possessività, portando alla loro eventuale separazione. Kierkegaard sottolinea che le relazioni idealizzate basate unicamente sulla passione spesso distorcono la realtà e impediscono agli individui di impegnarsi pienamente in partnership genuine e sostenibili.

Inoltre, Kierkegaard suggerisce che l'amore idealizzato può limitare la crescita personale e ostacolare l'autoconsapevolezza. Il giovane, fissato su un'immagine irrealistica di Cordelia, non riesce a esaminare i propri desideri, aspirazioni e difetti. Sfocando i confini tra il suo sé percepito e l'immagine idealizzata della sua amata, perde di vista la sua individualità e le opportunità di sviluppo personale.

Attraverso la sua esplorazione del primo amore e delle relazioni idealizzate, Kierkegaard incoraggia i lettori a considerare i limiti della fase estetica e la necessità degli individui di progredire verso un'esistenza più etica e significativa. Mentre la passione e l'infatuazione hanno il loro posto nell'esperienza umana, non dovrebbero oscurare l'importanza della crescita personale, dell'autoconsapevolezza e delle considerazioni etiche nelle relazioni.

Kierkegaard spinge i lettori a fare introspezione e a mettere in discussione le proprie esperienze del primo amore, esortandoli a mantenere l'equilibrio tra passione e ragione. Sottolinea l'importanza della connessione genuina, del rispetto reciproco e della ricerca della crescita personale all'interno delle relazioni. Abbracciando l'amore nelle sue varie sfaccettature e riconoscendone i limiti, gli individui possono impegnarsi per un'esistenza più profonda e appagante al di là del fascino transitorio della fase estetica.

Capitolo XV
ROTAZIONE DELLE COLTURE

"Rotazione delle colture: un tentativo di teoria della prudenza sociale":

Nelle pagine di Aut-Aut, incontriamo l'intrigante capitolo intitolato "Rotazione delle colture: un tentativo di teoria della prudenza sociale", in cui Kierkegaard ci invita a intraprendere un viaggio attraverso l'arazzo del nostro tessuto sociale, impiegando la metafora della rotazione delle colture per far luce sul funzionamento della società. Attingendo alla sua profonda comprensione della natura umana e dell'evoluzione storica delle società, presenta un argomento convincente per la necessità di una rotazione prudente nei meccanismi della vita sociale.

Al centro della teoria di Kierkegaard c'è la convinzione che il mantenimento di una società sana richieda un equilibrio tra stabilità e cambiamento, un equilibrio dinamico che sostenga il progresso e favorisca la prosperità individuale. Afferma che mentre gli esseri umani possiedono un desiderio innato di ordine e prevedibilità, l'assenza di cambiamento può portare all'atrofia sociale, soffocando innovazione, creatività e crescita.

In alternativa, Kierkegaard riconosce le forze radicali del cambiamento che possono trascinare le società in un tumultuoso turbine di incertezza. Mette in guardia contro un'eccessiva enfasi sulla novità costante, poiché rischia di disorientare gli individui ed erodere le fondamenta necessarie per una vita comunitaria coesa. È all'interno di questa interazione di stabilità e flusso che il concetto di rotazione delle colture viene alla ribalta.

Come la danza delle stagioni, le società devono impegnarsi nell'arte della rotazione delle colture, perché è in questa alternanza di ruoli, prospettive e responsabilità che troviamo il terreno fertile per il progresso collettivo. Nell'abbracciare il potere trasformativo della rotazione, gli individui possono liberarsi dalle catene dei ruoli tradizionali e delle aspettative sociali, consentendo a nuove idee di emergere e prosperare.

Proprio come un abile contadino che discerne l'importanza di diversificare e ruotare le colture per ringiovanire il terreno, Kierkegaard ci esorta a diversificare le nostre esperienze, a sfidare le nostre ipotesi e a esplorare percorsi diversi. Cambiando periodicamente i ruoli, siano essi personali, professionali o sociali, infondiamo nuova vitalità nei nostri sforzi collettivi, consentendo una coesistenza armoniosa di prospettive e talenti diversi.

Ma cosa costituisce una rotazione prudente? Kierkegaard ci ricorda che un approccio ponderato alla rotazione richiede attenzione meticolosa e comprensione compassionevole. Non è un semplice rimescolamento delle responsabilità, ma un'accettazione intenzionale della natura multiforme dell'esistenza umana.

La prudenza in questo caso non risiede solo nell'azione di rotazione, ma anche nell'attento discernimento dei tempi e delle necessità. Per raggiungere un equilibrio armonioso, la società deve riconoscere i segnali di stagnazione, in cui vecchie abitudini e modelli non servono più al benessere collettivo. Nel farlo, può quindi intraprendere il compito di ridistribuire i ruoli, ricalibrare le dinamiche di potere e coltivare spazi in cui le voci emarginate possano essere ascoltate.

In questo lungo capitolo, Kierkegaard si addentra più a fondo nella prudenza sociale, ricordandoci che la rotazione prudente non si limita alle sole manifestazioni esterne. Ci invita a intraprendere un viaggio personale di introspezione, a rivoltare ripetutamente il terreno dell'autoconsapevolezza, dissotterrando sia il potenziale dormiente sia i resti in decomposizione di mentalità obsolete.

Attraverso questa rotazione interiore, dobbiamo confrontarci con le nostre paure, pregiudizi e preconcetti, creando un terreno fertile per la crescita personale e il progresso collettivo. È in questa rotazione autoimposta che possiamo disimparare le convinzioni limitanti, sfidare le norme sociali e coltivare empatia, compassione e responsabilità sociale.

Quando abbracciamo la filosofia della rotazione delle colture, scopriamo che il ringiovanimento della società non risiede solo nei grandi gesti o negli atti rivoluzionari, ma nei ritmi sottili e sostenuti del cambiamento. È un invito a trascendere i nostri desideri e aspirazioni individuali, riconoscendo l'interdipendenza e l'interconnessione della nostra esistenza condivisa.

Comprendere la rotazione delle colture come metafora:

Parlando di agricoltura, la rotazione delle colture è una pratica consolidata in cui gli agricoltori alternano sistematicamente i tipi di colture coltivate in campi specifici per un certo periodo. Questo metodo meticoloso serve a scopi cruciali, come il mantenimento della fertilità del suolo, la prevenzione dell'accumulo di parassiti e malattie e la promozione di un sistema agricolo più sostenibile e resiliente. Ruotando giudiziosamente le colture, gli agricoltori ripristinano efficacemente i nutrienti nel suolo, disorientano la capacità dei parassiti di prosperare e mitigano le vulnerabilità associate ai sistemi monoculturali singolari.

Espandendo questa metafora al regno della prudenza sociale, Kierkegaard implora individui e società di assimilare una mentalità simile di attenta considerazione e azione olistica. La prudenza sociale richiede il riconoscimento dell'interconnessione intrinseca tra individui, comunità e società in generale. Proprio come un sano ecosistema agricolo si basa su colture diverse, la società prospera quando valorizza e accoglie le diverse prospettive, i talenti e i contributi dei suoi membri.

Inoltre, all'interno della metafora della rotazione delle colture, scopriamo il profondo significato di equilibrio e bilanciamento nel mantenimento del tessuto sociale. La monocoltura, sia botanica che sociale, esaurisce gradualmente le risorse disponibili, portando a una vitalità ridotta e a una maggiore vulnerabilità. Al contrario, la rotazione delle colture incarna l'arte di coltivare una diversità sostenibile, incoraggiando un'interazione armoniosa di vari interessi e voci all'interno della società. Attraverso la prudenza, individui e comunità possono trovare un equilibrio tra ideali e interessi in competizione, riservando così la forza e il vigore della società per resistere a sfide impreviste.

Oltre ai vantaggi immediati, la metafora della rotazione delle colture incorporata nell'opera di Kierkegaard spinge gli individui ad estendere la loro considerazione oltre il momento presente, contemplando le implicazioni intergenerazionali delle nostre azioni. Nell'atto di coltivare colture con una prospettiva orientata al futuro, gli agricoltori accettano la responsabilità di garantire la fertilità e la sostenibilità della terra per le generazioni future. Allo stesso modo, la prudenza sociale ci implora di riconoscere che le nostre decisioni e azioni si ripercuotono nel tempo, influenzando le opportunità e le sfide che plasmeranno le esperienze di coloro che devono ancora venire. Coltivando una mentalità di amministrazione, la prudenza sociale ci guida nel fare scelte che promuovono un futuro sostenibile, in cui le generazioni successive possano prosperare sulle fondamenta che abbiamo gettato.

Inoltre, la metafora della rotazione delle colture può sfidarci a mettere in discussione i sistemi e le strutture sociali che impongono norme rigide e sopprimono l'individualità. Proprio come un monotono paesaggio monoculturale manca di resilienza e adattabilità, le società che soffocano la diversità e si conformano a paradigmi omogenei rischiano la stagnazione e l'incapacità di affrontare sfide complesse. Abbracciare i principi della prudenza sociale richiede un profondo apprezzamento delle qualità e delle prospettive uniche che ogni individuo porta, promuovendo un ambiente in cui la diversità è celebrata e le varie colture di potenziale umano possono prosperare insieme in un arazzo di crescita e progresso.

Prudenza sociale: principi e implicazioni.

Kierkegaard apre questa parte paragonando le relazioni sociali alla rotazione delle colture in agricoltura. Proprio come l'agricoltore deve ruotare le colture per garantire la salute e la produttività a lungo termine della terra, gli individui all'interno della società devono impegnarsi in una "rotazione" metaforica dei loro desideri, interessi e affiliazioni per mantenere equilibrio e armonia. Questo processo dinamico richiede che gli individui siano consapevoli delle proprie esigenze, considerando anche il benessere e la felicità degli altri.

Il concetto di rotazione delle colture chiarisce metaforicamente l'idea che un'eccessiva attenzione ai propri desideri e alle proprie attività può portare a un esaurimento delle risorse o a una perdita di vitalità nelle relazioni sociali. Spostando costantemente la nostra attenzione e le nostre priorità, in modo simile alla rotazione delle colture, preveniamo la stagnazione e favoriamo la crescita. Ciò richiede empatia e una volontà di adattamento, poiché la prudenza sociale richiede di considerare le prospettive e gli interessi degli altri.

Kierkegaard sostiene che la prudenza sociale implica il bilanciamento degli interessi propri e altrui, tenendo in considerazione il benessere e la felicità della comunità nel suo complesso. Critica un approccio individualistico che ignora i bisogni e la felicità degli altri, sottolineando l'importanza dell'empatia e dell'altruismo. La vera prudenza sociale richiede la capacità di empatizzare con gli altri, di mettersi nei loro panni e di comprendere le loro esperienze e prospettive. Questa comprensione empatica consente agli individui di agire in modi che avvantaggiano la collettività, anziché servire esclusivamente i propri interessi.

D'altra parte, Kierkegaard esplora la nozione di prudenza, che si riferisce a decisioni sagge e a un'attenta pianificazione per il futuro. La prudenza sociale implica la considerazione delle potenziali conseguenze delle nostre azioni e scelte in un contesto sociale. Implica l'avere la lungimiranza di prevedere come il nostro comportamento avrà un impatto sugli altri e sulla comunità in generale. Questa lungimiranza ci consente di fare scelte che non sono solo vantaggiose nel momento immediato, ma contribuiscono anche al benessere a lungo termine della società.

Le implicazioni della prudenza sociale sono di vasta portata. Kierkegaard sostiene che i principi della prudenza sociale dovrebbero guidare non solo le relazioni personali, ma anche i processi decisionali collettivi all'interno della società. Egli suggerisce che le istituzioni sociali dovrebbero essere costruite sui principi di empatia, correttezza e pensiero a lungo termine, mirando a creare un ambiente armonioso e sostenibile per tutti. Attraverso la prudenza collettiva, le società possono affrontare sfide, conflitti e cambiamenti sociali con saggezza e benessere collettivo in mente.

La critica offerta in questa parte di Aut-Aut è rivolta a un approccio superficiale ed egocentrico all'interazione sociale.

Kierkegaard esorta i lettori a riflettere sull'importanza della responsabilità personale e sulle conseguenze delle loro azioni sul tessuto sociale più ampio. Egli sottolinea l'interconnessione di individui e società, sottolineando la necessità di supporto reciproco e cooperazione nel coltivare una società basata sulla prudenza sociale.

Per raggiungere la prudenza sociale, Kierkegaard suggerisce di coltivare consapevolezza, autoriflessione e un'apertura mentale che trascenda le proprie limitate prospettive. Rivalutando costantemente i nostri desideri, interessi e affiliazioni, acquisiamo una comprensione più profonda delle dinamiche all'interno della società e sviluppiamo la capacità di fare scelte che siano vantaggiose per la collettività.

Inoltre, Kierkegaard approfondisce gli aspetti psicologici della prudenza sociale, esplorando come la psicologia individuale influisce sulle interazioni sociali. Sfida i lettori a riflettere sul ruolo dell'autoconsapevolezza e dell'autoregolamentazione nella pratica della prudenza sociale. Sviluppando un senso di autoconsapevolezza accresciuto, gli individui possono riconoscere meglio i propri pregiudizi, le proprie inclinazioni e tendenze che possono ostacolare la prudenza sociale. L'autoregolamentazione, d'altro canto, implica la modulazione consapevole delle proprie emozioni, impulsi e comportamenti in contesti sociali, consentendo interazioni più attente ed empatiche.

Kierkegaard discute anche di come affrontare i desideri individuali e le aspettative sociali nel quadro della prudenza sociale. Sottolinea la necessità di trovare un equilibrio tra la realizzazione personale e le responsabilità sociali. Mentre i desideri individuali non dovrebbero essere sacrificati del tutto nel perseguimento della prudenza sociale, Kierkegaard suggerisce che una società armoniosa nasce quando i desideri degli individui si allineano con il benessere e la felicità della collettività.

D'altro canto, Kierkegaard approfondisce i fondamenti filosofici della prudenza sociale, esplorandone la connessione con l'esistenzialismo e la filosofia morale. Sostiene che la prudenza sociale nasce dal riconoscimento della nostra condizione esistenziale di esseri in relazione. L'esistenza umana è intrinsecamente intrecciata con gli altri e la prudenza sociale riconosce la responsabilità etica che abbiamo nei confronti dei nostri simili. Richiede un riconoscimento reciproco della nostra umanità condivisa, promuovendo un senso di compassione, rispetto e cooperazione.

Capitolo XVI
DIARIO DI UN SEDUTTORE

"Diario di un seduttore":

Le annotazioni del diario del seduttore offrono uno sguardo crudo ai suoi pensieri più intimi, oscillando tra strategia calcolata e autentica introspezione. Come lettori, siamo testimoni della pianificazione meticolosa del seduttore, della sua capacità di sfruttare la vulnerabilità e del suo insaziabile appetito per la conquista. Il seduttore rivela la sua comprensione dell'arte della seduzione, affinata attraverso anni di osservazione e manipolazione. Comprende le dinamiche di potere in gioco nelle relazioni, identificando le emozioni, le insicurezze e i desideri che possono essere sfruttati per ottenere il controllo su un altro.

All'interno della narrazione dinamica, c'è un fascino sinistro incastonato nelle parole del seduttore, una facciata costruita con cura per acquisire predominio su coloro che ritiene degni della sua attenzione. È un maestro della manipolazione, usando le sue parole e azioni come strumenti per penetrare nei cuori e nelle menti delle sue vittime. Il seduttore è acutamente consapevole dei bisogni e dei desideri emotivi di coloro che incontra, capitalizzando le loro vulnerabilità per soddisfare i propri desideri.

Durante i suoi incontri con Cordelia, il seduttore si impegna in una danza di manipolazione, tessendo una rete di inganni progettata per intrappolare il suo cuore. Gioca abilmente sulle sue emozioni, capitalizzando i momenti di vulnerabilità per rafforzare la sua presa e consolidare il suo controllo. Il seduttore riconosce che la fiducia è la chiave per sbloccare completamente le emozioni della sua preda. Fingendo di empatizzare con lei, si posiziona abilmente come l'unico che la capisce veramente, creando una dinamica in cui Cordelia diventa sempre più dipendente da lui per la realizzazione emotiva.

Kierkegaard si addentra nelle profondità della psiche del seduttore, esponendo le sottili complessità dei suoi desideri contorti. Dietro il velo di fascino e raffinatezza del seduttore si nasconde un vuoto, una fame insaziabile di conquista che maschera un profondo vuoto. La ricerca del potere e del controllo da parte del seduttore deriva da una radicata paura della vulnerabilità, una paura di essere esposto e rifiutato per il suo vero sé. Seducendo gli altri, cerca di convalidare il proprio ego, di dimostrare a se stesso e al mondo di avere il potere di comandare gli affetti degli altri.

Cattura il bisogno costante di convalida del seduttore, un desiderio di riconoscimento che alimenta le sue ricerche manipolative. I trionfi del seduttore non sono misurati dalla profondità della connessione emotiva, ma sono invece segnati dal numero di conquiste che può rivendicare. Il seduttore è guidato da un appetito insaziabile per la novità, un malcontento irrequieto che lo spinge da una conquista all'altra, scartando le sue vittime una volta che non servono più allo scopo del suo ego.

Attraverso le sue interazioni con Cordelia, il seduttore cerca di trovare uno scopo, di riempire il vuoto dentro di sé, senza comprendere il danno che infligge agli altri nel processo. Nella sua incessante ricerca di potere e controllo, il seduttore diventa cieco all'umanità delle sue vittime, riducendole a semplici pedine nel suo grande gioco. Vede l'amore come un gioco, un mezzo per conquistare e possedere, piuttosto che una vera connessione tra due anime.

In "Diario di un seduttore", Kierkegaard solleva importanti questioni etiche riguardanti il potere, la manipolazione e i confini sfumati tra una connessione genuina e una manipolazione calcolata. Costringe i lettori a confrontarsi con le scomode verità della natura umana, la ricerca intrinsecamente imperfetta del potere e le conseguenze devastanti che sorgono quando l'empatia e la moralità diventano vittime dell'interesse personale.

In mezzo alla conquista del seduttore, Cordelia si ritrova sempre più invischiata in una ragnatela tessuta dalle sue parole e azioni attentamente studiate. La attira sempre più nella sua trappola, sfruttando la sua innocenza e vulnerabilità, finché non diventa poco più di una pedina nel suo gioco. Cordelia, spinta dai suoi desideri di connessione e affetto, rimane intrappolata nell'incantesimo del seduttore, ignara della rete di inganni che la circonda.

Nell'esporre i metodi del seduttore, Kierkegaard sfida i lettori a valutare le proprie intenzioni, a riconoscere il potenziale di manipolazione all'interno delle proprie relazioni e a esaminare criticamente l'equilibrio di potere nelle interazioni con gli altri. Ci incoraggia a riflettere sulle nostre vulnerabilità, sulla nostra suscettibilità alla manipolazione e sulle potenziali insidie del lasciarci sedurre da false promesse e grandi illusioni.

Come lettori, ci viene data una visione intima della psiche del seduttore, scrutando attraverso il velo delle sue manovre calcolate e assistendo al pedaggio emotivo che le sue azioni hanno su se stesso e sulle sue vittime. Kierkegaard ci esorta a diventare consapevoli dei nostri desideri di potere e controllo, ad affrontare le relazioni umane con integrità, compassione e una comprensione incrollabile delle conseguenze che le nostre azioni possono avere sugli altri.

"Diario di un seduttore" funge da duro promemoria della complessità dell'esistenza umana, fungendo da specchio che riflette i nostri desideri intrinseci, le nostre vulnerabilità e la nostra capacità di manipolazione. In definitiva, l'esplorazione di Kierkegaard svela l'importanza della responsabilità morale, dell'empatia e della connessione genuina nel navigare le acque delle relazioni umane, esortandoci a forgiare i nostri percorsi con integrità, compassione e un impegno incrollabile per il miglioramento di noi stessi e di coloro che ci circondano.

Svelati i segreti del diario del seduttore:

Nell'avvincente sezione di Aut-Aut intitolata "Diario di un seduttore", Søren Kierkegaard fornisce un'analisi profonda e penetrante della mentalità seduttiva. Attraverso una serie di annotazioni di diario, accompagna i lettori in un viaggio avvincente nel mondo di un seduttore, rivelando le profondità dei suoi giochi psicologici e le conseguenze che comportano.

Nelle pagine di questo diario, il seduttore, la cui identità rimane segreta, ci immerge in una complessa rete di manipolazione e inganno. Ogni voce inizia con una spiegazione del bersaglio designato del seduttore, con un'analisi completa dei suoi tratti della personalità, dei suoi punti di forza, delle sue debolezze e dei suoi desideri insoddisfatti. Attraverso questo esame meticoloso, ci viene concesso l'accesso ai calcoli che stanno alla base delle sue strategie seduttive.

Le annotazioni del diario rivelano che la ricerca della conquista da parte del seduttore è guidata da un desiderio implacabile di potere e controllo, piuttosto che da una vera connessione emotiva. Per lui, la seduzione è una forma d'arte, e ogni incontro rappresenta per lui un'opportunità per esercitare il dominio e giocare con le emozioni degli altri. Utilizza abilmente mosse calcolate, complimenti attentamente cronometrati e manovre manipolative per attirare e intrappolare la preda prescelta, il tutto mantenendo un'aria di fascino e sensualità.

Mentre il diario si dipana, Kierkegaard approfondisce le motivazioni psicologiche sottostanti del seduttore. Esamina attentamente la capacità del seduttore di sfruttare le vulnerabilità delle sue prede, facendo leva sui loro desideri più profondi di attenzione, amore e convalida contro di loro. La maestria del seduttore risiede nella sua acutezza nel discernere queste vulnerabilità e sfruttarle abilmente, creando un'illusione di affetto e genuino interesse.

Tuttavia, nonostante le macchinazioni e i trionfi temporanei del seduttore, un profondo vuoto pervade il suo mondo. Gli incontri del diarista producono fugaci fremiti di eccitazione e convalida, ma la natura stessa delle sue ricerche gli impedisce di provare una vera intimità o di stabilire connessioni durature. Il seduttore si ritrova intrappolato in un ciclo infinito di inseguimenti e scarti, un ciclo che alla fine lo lascia insoddisfatto e solo.

L'esplorazione di Kierkegaard della psicologia del seduttore si estende ulteriormente alle implicazioni etiche di tale comportamento manipolativo. Presenta un esame implacabile del dolore e della sofferenza inflitti alle vittime del seduttore quando rimangono intrappolate nella sua rete. Le conseguenze delle azioni del seduttore sono di vasta portata, lasciando una scia di cuori spezzati e vite distrutte al suo passaggio.

Attraverso "Diario di un seduttore", Kierkegaard scopre le norme sociali che propagano valori superficiali che circondano l'amore, le relazioni e l'oggettivazione delle donne. Invita i lettori a mettere in discussione le implicazioni morali delle azioni del seduttore e ci sfida a esaminare il significato e lo scopo più profondi delle nostre relazioni. Nel farlo, Kierkegaard ci incoraggia a cercare connessioni genuine basate sul rispetto, l'autenticità e la comprensione reciproca, piuttosto che abbracciare la vuota ricerca di piaceri fugaci.

Questa stimolante esplorazione della mentalità seduttiva trovata in "Diario di un seduttore" funge da potente critica delle convenzioni sociali che circondano l'amore e le relazioni. Le acute intuizioni di Kierkegaard costringono i lettori a confrontarsi con il proprio potenziale di comportamento seduttivo, spingendoci a esaminare le nostre motivazioni e a considerare l'impatto delle nostre azioni sugli altri.

Nelle annotazioni del diario, Kierkegaard svela la profonda autoconsapevolezza del seduttore. Nonostante la sua manipolazione cosciente, il seduttore possiede un'acuta comprensione dei propri difetti e della propria fragilità. Dietro la sua facciata di sicurezza si celano una radicata paura del rifiuto e una disperata sete di convalida. Riconosce che il suo successo nella seduzione non è un riflesso del suo fascino o della sua desiderabilità, ma piuttosto un riflesso delle vulnerabilità e dei desideri della società.

Inoltre, Kierkegaard evidenzia la lotta parallela del seduttore con il suo vuoto esistenziale. La sua costante ricerca di conquista serve come distrazione dal confronto con il suo senso di mancanza di scopo e di connessione genuina. Mentre il seduttore affronta questi conflitti interiori, i lettori sono chiamati a riflettere sui propri dilemmi esistenziali e sui modi in cui le ricerche esterne possono servire come semplici distrazioni da un'introspezione più profonda.

Nell'affrontare le dimensioni etiche del comportamento seduttivo, Kierkegaard espone le dinamiche di potere intrinseche in gioco. Le azioni del seduttore si basano sullo squilibrio di potere tra lui e le sue vittime. Egli sfrutta le gerarchie sociali, i ruoli di genere e il suo stesso fascino per sfruttare le vulnerabilità ed esercitare il controllo. Questa dinamica di potere solleva interrogativi sul consenso, l'agenzia e i confini dell'autonomia personale all'interno delle relazioni.

Addentrandosi nelle conseguenze delle azioni del seduttore, Kierkegaard illustra il pedaggio emotivo e psicologico inflitto sia al seduttore che alle sue vittime. La rete intricata di manipolazione e inganno lascia una scia di fiducia infranta e trauma emotivo. Kierkegaard costringe i lettori ad affrontare il dolore e la sofferenza sottostanti causati da tale comportamento, costringendoli a rivalutare le proprie azioni e relazioni.

Manipolazione psicologica e tattiche di seduzione:

Nel diario del seduttore, Kierkegaard svela un'accattivante dimostrazione della sua acuta percezione e della sua profonda comprensione della psicologia umana. Mentre ci immergiamo nella narrazione, osserviamo l'incessante ricerca del seduttore per conquistare e possedere l'oggetto del suo desiderio. Armati di un vasto arsenale emotivo, sfruttano intenzionalmente le vulnerabilità e le insicurezze delle loro vittime.

Il seduttore opera come un abile burattinaio, manipolando senza sforzo i fili delle emozioni umane per orchestrare i risultati desiderati. La sua acuta osservazione gli consente di discernere le crepe nascoste nei cuori dei suoi potenziali amanti, svelando i desideri più profondi e le brame segrete che giacciono dormienti. È attraverso queste crepe nell'armatura della sua preda che il seduttore manovra abilmente, giocando sulle emozioni come un maestro che accorda finemente il suo strumento.

Nella ricerca calcolata del seduttore, il tempismo diventa un'arte in sé e per sé. Applicando deliberatamente tecniche di anticipazione e gratificazione ritardata, costruiscono una sinfonia di desiderio, creando suspense e passione nelle loro vittime. Intrecciando abilmente una danza di seduzione, creano un senso di desiderio avvincente, facendo sì che l'altra persona desideri ardentemente la loro presenza e convalida.

Le parole diventano l'arma più potente del seduttore. Conoscono l'arte del linguaggio seducente, un arsenale di seduzione verbale profondamente radicato nel fascino poetico e nel discorso persuasivo. Con ogni frase ben congegnata, il seduttore lancia un incantesimo sulla sua vittima, come un narratore ammaliatore che tesse storie che risvegliano desideri dormienti. Attraverso parole scelte con cura, evocano emozioni intense e accendono la sensibilità dei loro potenziali amanti, avvolgendoli in una trance accattivante.

Inoltre, le macchinazioni del seduttore trascendono la mera manipolazione. Mentre Kierkegaard espone i meccanismi interni della mente del seduttore, ci invita a contemplare la complessità delle relazioni umane. Attraverso l'intrigante narrazione del diario, queste riflessioni intime ci costringono a fare introspezione, riconoscendo i nostri desideri, vulnerabilità e mancanze nel regno del romanticismo.

Kierkegaard ci sfida a riflettere sulle dinamiche del potere nelle relazioni, spingendoci a mettere in discussione le nostre responsabilità etiche. Immergendoci nel diario, intraprendiamo un viaggio di auto-scoperta, attraversando il panorama dei nostri desideri e conflitti interiori. Ci costringe a confrontarci con la nostra vulnerabilità alla manipolazione, la nostra capacità di autoinganno e le conseguenze delle nostre azioni su coloro che incontriamo nel regno dell'amore.

Il capitolo esteso sulla manipolazione psicologica e le tattiche di seduzione in "Aut-Aut" funge da avvincente esplorazione della psiche umana, risuonando di echi di vulnerabilità, potere e interazioni romantiche. Sbirciando nel diario di un seduttore, Kierkegaard ci presenta un profondo invito a svelare i nostri desideri, spingendoci ad attraversare il labirinto delle emozioni umane con una nuova consapevolezza e discernimento etico.

Traendo spunto dall'opera di Kierkegaard, approfondiamo ulteriormente la metodologia del seduttore. Diventa evidente che sfrutta non solo la vulnerabilità, ma anche desideri latenti, spesso nascosti persino alla persona stessa. L'occhio attento del seduttore può percepire quei desideri inespressi, costruendo una connessione sulla base di desideri inespressi.

Per aumentare il fascino, il seduttore eccelle nel creare un'atmosfera di misterioso intrigo, confondendo i confini tra realtà e finzione. Comprende il potere di trattenere informazioni, consentendo all'immaginazione del suo potenziale amante di vagare nel regno delle infinite possibilità. In loro presenza, l'incertezza diventa allettante, un elisir inebriante che mantiene il bersaglio perpetuamente impegnato.

Tuttavia, il seduttore porta anche il peso di un profondo vuoto dentro di sé. Il suo fascino e la sua squisita arte nascondono un'insicurezza di fondo e la paura di una vera intimità. In quei rari momenti in cui si presenta la vulnerabilità, si ritira nella sicurezza del gioco, rifiutandosi di varcare la soglia dell'autenticità.

Svelare la psiche del seduttore rivela ulteriormente la sua insaziabile sete di controllo, misurata non come dominio, ma come manipolazione di emozioni e desideri. Elaborano meticolosamente scenari e trame narrative, scolpendo le reazioni dei loro amanti come argilla nelle mani di un artista. Nella loro ricerca del potere, rinunciano alla propria vulnerabilità, avvolgendosi in un'illusione di invincibilità.

Mentre il diario del seduttore giunge al termine, Kierkegaard ci ricorda solennemente le conseguenze di queste manipolazioni. Sebbene le intenzioni del seduttore non siano sempre intenzionalmente maligne, le sue azioni lasciano cicatrici durature nelle anime che incontra.

Capitolo XVII
LA VALIDITÀ ESTETICA DEL MATRIMONIO

L'esplorazione della dimensione estetica del matrimonio da parte di Kierkegaard nella sua opera inizia evidenziando la tensione intrinseca tra i regni estetico ed etico all'interno del matrimonio. Egli sostiene che il matrimonio, nella sua forma estetica, è incentrato su un'infatuazione passionale, un'esperienza intensa e piacevole condivisa tra due individui. Questa fase iniziale del matrimonio è caratterizzata dalla scelta "Aut-Aut" di impegnarsi o continuare a indulgere nell'emozione del momento.

In questo contesto, Kierkegaard esplora il concetto di amore come fenomeno estetico. Egli suggerisce che la validità estetica del matrimonio risiede nell'intensità e nel fervore dell'amore appassionato sperimentato dagli individui che intraprendono questo viaggio insieme. L'amore, nella sua forma estetica, manca dell'impegno a lungo termine e della responsabilità etica che accompagna la vita coniugale.

Tuttavia, Kierkegaard riconosce anche i limiti della prospettiva estetica sul matrimonio. Sostiene che la validità estetica del matrimonio, pur essendo potente e allettante, in ultima analisi manca di sostenibilità. L'amore passionale, una pietra angolare delle fasi iniziali del matrimonio, svanisce nel tempo, portando a una potenziale crisi nella relazione.

Per affrontare questa crisi, Kierkegaard introduce la dimensione etica del matrimonio. Egli sottolinea che una transizione dal regno estetico a quello etico è necessaria per la crescita e la continuazione di un matrimonio. Il regno etico comprende l'impegno, il sacrificio e l'accettazione delle responsabilità nei confronti del partner.

Attraverso questa transizione, Kierkegaard suggerisce che gli individui possono sperimentare una forma di amore più profonda e intensa, quella che lui definisce un "amore infinito". Questo amore infinito trascende le passioni fugaci della sfera estetica e si fonda sul rispetto reciproco, sulla fiducia e sulla volontà di sopportare le sfide inerenti al matrimonio.

Esaminando ulteriormente la validità estetica del matrimonio, Kierkegaard approfondisce le contraddizioni e le complessità intrinseche che sorgono all'interno di questa istituzione. Riconosce che la fase iniziale del matrimonio, guidata dall'infatuazione e dalla passione, spesso acceca gli individui ai difetti e alle mancanze del partner. Tuttavia, man mano che la relazione progredisce, la dimensione estetica del matrimonio inizia a perdere il suo splendore e gli individui coinvolti devono confrontarsi con la realtà delle imperfezioni del partner.

Questo confronto porta a un momento cruciale nell'evoluzione dell'amore coniugale: la decisione esistenziale di passare dal regno estetico a quello etico. Kierkegaard sostiene che questa decisione è essenziale per la crescita continua e la sostenibilità della relazione. Richiede agli individui di trascendere i loro desideri egocentrici e abbracciare la responsabilità etica di prendersi cura del proprio partner e di adempiere ai propri impegni coniugali.

Inoltre, Kierkegaard sostiene che la fase etica del matrimonio non solo richiede altruismo e sacrificio, ma fornisce anche agli individui un senso più profondo di scopo e realizzazione. La transizione dalla dimensione estetica a quella etica porta con sé una nuova comprensione dell'amore, radicata nel riconoscimento del valore dell'altra persona e nella coltivazione attiva di una vita condivisa insieme.

In questa esplorazione estesa, dobbiamo considerare il ruolo della vulnerabilità nella validità estetica del matrimonio.

Kierkegaard suggerisce che la vulnerabilità, la volontà di esporre il proprio vero sé ed essere aperti al potere trasformativo dell'amore, si trova al centro della dimensione estetica. Nelle fasi iniziali, quando la passione regna sovrana, gli individui sono disposti ad abbassare le difese e a rivelare i loro desideri e le loro emozioni più profondi. È attraverso questa vulnerabilità che formano una profonda connessione e sperimentano l'intensità dell'amore estetico.

Tuttavia, col passare del tempo, la vulnerabilità può diventare un aspetto impegnativo del matrimonio. Il riconoscimento delle proprie imperfezioni, paure e vulnerabilità può lasciare gli individui esposti e insicuri, portando a casi di dubbio e a una rivalutazione della relazione. Questa lotta è inevitabile poiché la dimensione estetica si affievolisce e quella etica si fa avanti.

Per Kierkegaard, questa transizione richiede che gli individui abbraccino l'imperativo etico dell'amore incondizionato. L'amore incondizionato, caratterizzato da accettazione e perdono, è il fondamento su cui la vita coniugale può prosperare. Comporta il riconoscimento e l'accettazione delle mancanze del partner, la comprensione che ogni individuo è imperfetto e l'impegno a sostenere la crescita e lo sviluppo reciproci.

Inoltre, Kierkegaard sottolinea l'importanza della crescita individuale nel contesto del matrimonio. La transizione dal regno estetico a quello etico richiede una maturazione personale e una ricerca attiva di auto-miglioramento. Nel coltivare il proprio carattere e i propri valori, ogni partner contribuisce alla forza e alla profondità della propria relazione. È attraverso la crescita individuale che il matrimonio si evolve, adattandosi e maturando continuamente insieme agli individui coinvolti.

Per apprezzare appieno la validità estetica del matrimonio, bisogna anche considerare la connessione intrinseca tra amore e libertà. Kierkegaard sostiene che la dimensione estetica del matrimonio garantisce agli individui la libertà di abbandonarsi alla passione e al desiderio, senza essere ostacolati da doveri etici. Questa libertà, tuttavia, è un'arma a doppio taglio. Mentre consente l'esaltazione di un nuovo amore, genera anche il potenziale per l'incostanza e l'abbandono degli impegni.

Pertanto, la transizione alla dimensione etica significa un allontanamento dalla libertà illimitata del regno estetico. Comporta l'accettazione volontaria delle responsabilità, il fare sacrifici e dare priorità al benessere del partner rispetto ai desideri individuali. Paradossalmente, è in questo impegno etico che gli individui scoprono una diversa forma di libertà: la libertà nata dalla fiducia reciproca e dalla responsabilità condivisa. È una libertà che consente un'autentica autoespressione, compassione e la sicurezza di una partnership per tutta la vita.

Valutare l'aspetto estetico del matrimonio:

Il matrimonio è un'istituzione complessa, spesso considerata una pietra angolare della società e un fondamento delle relazioni umane. Kierkegaard ci presenta una lettera scritta dall'esteta, uno dei due autori pseudonimi di "Aut-Aut", che affronta l'argomento del matrimonio da una prospettiva estetica. L'esteta vede il matrimonio come un'opportunità di bellezza, piacere e appagamento, sostenendo che fornisce un terreno fertile per la ricerca di esperienze estetiche.

Secondo l'esteta, il matrimonio offre la possibilità di creare una vita squisita e armoniosa attraverso la coltivazione di sensibilità estetiche. L'aspetto estetico del matrimonio risiede nella ricerca costante di novità, eccitazione e piacere all'interno della relazione matrimoniale. Sottolinea l'importanza della passione, del desiderio e della connessione sensuale tra i partner.

L'esteta ritiene che le esperienze estetiche siano una porta di accesso alla crescita personale e alla scoperta di sé. Esplorando le profondità dei propri desideri, i partner in un matrimonio possono scoprire aspetti nascosti della propria identità e stabilire una profonda connessione con se stessi. Attraverso questo processo, sviluppano un maggiore apprezzamento per la vita e la profonda bellezza che può essere trovata nel banale.

Tuttavia, l'esteta riconosce anche le potenziali insidie del matrimonio. Mette in guardia dal fatto che il matrimonio può diventare banale e noioso se non affrontato con la necessaria sensibilità estetica. La routine e la familiarità che spesso accompagnano il matrimonio possono erodere l'eccitazione e la novità, portando a ciò che l'esteta chiama "noia nell'infinito".

Per contrastare questo, l'esteta suggerisce che le coppie devono prima di tutto affrontare il loro matrimonio come un'opera d'arte in evoluzione. Proprio come un artista affina continuamente la sua arte, i partner in un matrimonio devono impegnarsi attivamente in un processo di creazione e ricreazione. Devono iniettare consapevolmente creatività nella loro vita quotidiana, coltivando novità e trovando nuovi modi per sperimentare bellezza e piacere insieme.

L'esteta sostiene la necessità di ricreare continuamente la relazione, per mantenere viva la scintilla estetica. Suggerisce che le coppie dovrebbero resistere a diventare compiacenti, cercando attivamente nuove esperienze, abbandonandosi alle passioni e mantenendo l'intensità del desiderio. Così facendo, possono preservare l'aspetto estetico del matrimonio e impedirgli di sprofondare in un'esistenza monotona.

In questa ricerca di costante rinnovamento estetico, l'esteta attira la nostra attenzione su un aspetto importante: il potere dell'immaginazione. L'immaginazione, secondo l'esteta, è la chiave per sostenere l'eccitazione e la novità in un matrimonio. Immaginando nuove possibilità, esplorando ruoli e identità diversi all'interno della relazione, i partner possono mantenere accesa la fiamma dell'arte.

Inoltre, l'esteta sostiene che l'aspetto estetico del matrimonio non dovrebbe essere confinato esclusivamente entro i confini della relazione. Si espande oltre l'intima connessione tra i partner e si estende alla sfera più ampia della società. L'esteta sostiene che la bellezza, l'armonia e la gioia vissute all'interno di un matrimonio dovrebbero irradiarsi verso l'esterno, influenzando positivamente il mondo che li circonda.

È attraverso l'aspetto estetico del matrimonio che i partner possono ispirare gli altri, accendere un senso di meraviglia e dimostrare il potere trasformativo dell'amore. Abbracciando il loro ruolo di artisti delle proprie vite, diventano fari di speranza, ispirando gli altri a valorizzare e coltivare la bellezza nelle proprie relazioni.

Sebbene Kierkegaard presenti la prospettiva dell'esteta sul matrimonio, è fondamentale riconoscere che questo punto di vista rappresenta solo un lato dell'argomento all'interno di "Aut-Aut". L'intento di Kierkegaard non è quello di presentare una risposta definitiva, ma piuttosto di provocare una profonda riflessione e un autoesame.

È importante avvicinarsi alle idee di Kierkegaard con pensiero critico, considerando le complessità e la natura multiforme delle relazioni umane. Il matrimonio integra numerosi aspetti oltre l'estetica, come l'impegno, i valori condivisi e la crescita personale, che si intrecciano con la dimensione estetica. Pertanto, una comprensione olistica del matrimonio richiede una considerazione anche degli aspetti etici ed esistenziali.

Le intuizioni di Kierkegaard sull'amore e l'impegno:

Søren Kierkegaard ci invita a contemplare l'essenza stessa dell'amore. Non è un'emozione passeggera o un semplice prodotto di reazioni chimiche dentro di noi, ma una forza trasformativa che riconosce il valore intrinseco e l'individualità unica dell'altro. L'amore, propone, è una scelta consapevole, un impegno ad abbracciare e celebrare i misteri e le complessità di un altro essere umano. Richiede vulnerabilità, empatia e sforzi sinceri per comprendere il mondo interiore dell'amato.

Contrariamente alla credenza popolare, Kierkegaard sostiene che l'amore si estende ben oltre le fasi iniziali dell'incanto e l'atmosfera inebriante del romanticismo. È un viaggio continuo di reciproca scoperta ed esplorazione, in cui i partner intraprendono una spedizione condivisa per creare una vita di significato e significato. È attraverso questo sforzo collaborativo che emerge la validità estetica del matrimonio, mentre la coppia intreccia abilmente i fili delle proprie esperienze, valori e aspirazioni per creare un bellissimo arazzo di esistenza condivisa.

Nel regno del vero amore, Kierkegaard propone l'essenzialità del sacrificio e dell'altruismo. L'amore, sottolinea, richiede che gli individui trascendano il loro ego e si assumano una profonda responsabilità per la felicità e il benessere dell'altro. Nel sacrificare i nostri desideri e le nostre ambizioni per il bene della persona amata, creiamo un ambiente in cui la crescita e la realizzazione personale sbocciano. Questo radicale allontanamento dall'egocentrismo genera un impegno per il miglior interesse dell'altro, perché è al servizio dell'amore che scopriamo una comprensione arricchita di noi stessi e del mondo.

Kierkegaard riconosce che il viaggio del matrimonio non è privo di ostacoli e conflitti. Tuttavia, considera queste sfide come preziose opportunità di crescita e introspezione.

Abbracciando le difficoltà, impegnandosi in conversazioni sincere e coltivando il coraggio di affrontare questioni irrisolte, le coppie possono forgiare un legame più profondo e resiliente. È attraverso l'impegno ad affrontare la complessità e investire nella crescita della relazione che la vera bellezza estetica del matrimonio giunge a compimento.

Inoltre, Kierkegaard ci esorta a rivalutare le aspettative e le norme sociali che circondano il matrimonio. Rifiutando l'idea che il matrimonio sia principalmente un mezzo per garantire stabilità economica o status sociale, insiste sul fatto che il suo vero valore risiede nella coltivazione dell'amore e nella creazione di uno spazio intimo in cui possano prosperare connessioni autentiche. Reindirizzando la nostra attenzione dalle pressioni esterne a un autentico desiderio di intimità e comprensione reciproca, gli individui possono trovare liberazione e autenticità all'interno dell'impegno del matrimonio.

Capitolo XVIII
LA SFERA ESTETICA E QUELLA ETICA

"Equilibrio tra l'estetico e l'etico nello sviluppo della personalità":

In "Equilibrio tra l'estetico e l'etico nello sviluppo della personalità", Kierkegaard approfondisce le sfere estetica ed etica e la loro profonda influenza sullo sviluppo della personalità. Attraverso una lente contemplativa e introspettiva, scrive una lettera che offre un'esplorazione sfumata delle dinamiche e delle tensioni in gioco quando si cerca di mantenere l'equilibrio tra questi due regni.

Kierkegaard inizia riconoscendo il fascino seducente e la profonda ricchezza della sfera estetica. La descrive come un regno di piaceri sensuali, bellezza artistica e sconfinata libertà individuale. Qui, l'attenzione è rivolta alla ricerca dei desideri personali e al godimento dei piaceri transitori della vita. L'individuo estetico cerca l'autogratificazione, abbracciando gli impulsi immediati e soggettivi che nascono dall'interno. Guidati dai propri capricci e fantasie, sono allettati dalla promessa intrinseca dell'estetica di eccitazione e gioia sconfinata.

Tuttavia, Kierkegaard mette in guardia dal farsi catturare dal fascino superficiale della vita estetica. Ne rivela i limiti e la tendenza a generare malcontento e vuoto esistenziale. A un esame più attento, si scopre che la prospettiva estetica manca di vera responsabilità morale e di rendicontazione, risultando in un'esistenza superficiale e in ultima analisi insoddisfacente. La vita puramente estetica non riesce a fornire una soddisfazione duratura o un profondo senso di scopo, poiché rimane confinata al regno delle esperienze fugaci e dei piaceri superficiali.

Passando alla sfera etica, Kierkegaard sottolinea il significato dei valori morali, dei doveri e degli obblighi. Radicata nell'universale, la vita etica richiede un impegno verso principi senza tempo e l'accettazione della responsabilità verso gli altri. Comprende un regno in cui le azioni si allineano con un senso del dovere e la ricerca del bene superiore. L'individuo etico trascende i propri desideri soggettivi e allinea le proprie azioni con gli imperativi morali che emanano da una fonte più profonda e universale.

Mentre Kierkegaard sottolinea l'importanza di risiedere nella sfera etica, mette in guardia dall'abbandonare completamente la dimensione estetica. Egli postula che il rifiuto totale del regno estetico può portare a un'esistenza rigida e senza gioia, priva dei piaceri e della bellezza della vita. Invece, propone l'equilibrio tra la sfera estetica e quella etica.

Secondo Kierkegaard, la personalità ideale è quella che riconosce il valore intrinseco e il significato sia dell'estetica che dell'etica. Richiede un'integrazione armoniosa dei due regni, dove la ricerca della soddisfazione personale e del piacere soggettivo è bilanciata da un profondo senso di responsabilità morale e impegno verso gli altri. Questo equilibrio consente la coltivazione di un carattere completo, consentendo la realizzazione del proprio pieno potenziale.

Tuttavia, questo equilibrio non è facilmente raggiungibile. La lotta per conciliare le esigenze delle sfere estetiche ed etiche costituisce un crogiolo di trasformazione personale. Richiede una dedizione incrollabile all'auto-riflessione e all'auto-consapevolezza. Bisogna essere abbastanza coraggiosi da affrontare le tensioni e i conflitti dentro di sé, per impegnarsi nel dialogo interiore che cerca di trovare una via d'uscita in questa complessa danza di forze.

L'individuo che lotta per l'equilibrio deve navigare le correnti in continua evoluzione del desiderio e della responsabilità, adattando e riaggiustando il proprio corso come richiesto dalle circostanze. Non è uno stato statico, ma un processo dinamico, un'esplorazione continua e una ricalibrazione dei propri valori, priorità e azioni. Questa volontà di abbracciare la tensione intrinseca tra gli aspetti estetici ed etici della vita dà origine a una profondità di carattere e a una ricchezza di esperienza che trascende la mera esistenza.

Per mantenere questo equilibrio, bisogna coltivare le virtù del discernimento e della saggezza. Richiede la capacità di distinguere tra piaceri fugaci e valori duraturi, tra autoindulgenza e genuina realizzazione. Richiede un acuto senso di giudizio che nasce da una profonda comprensione di sé, una consapevolezza dei propri punti di forza e di debolezza e un impegno per una continua crescita personale.

In questo equilibrio, l'individuo impara a riconoscere che le dimensioni estetica ed etica non sono forze in competizione ma aspetti complementari dell'esistenza umana. Possono arricchirsi e informarsi a vicenda, accrescendo la profondità e l'autenticità delle esperienze personali. La dimensione estetica porta vitalità, gioia e bellezza alla vita, mentre la dimensione etica infonde un senso di scopo, significato e connessione con gli altri.

Equilibrio tra sfera estetica ed etica:

Kierkegaard inizia evidenziando il fascino della vita estetica, caratterizzata dalla ricerca del piacere, dall'immediatezza e dall'attenzione ai desideri personali. Questa modalità di esistenza è esemplificata dall'esteta, che cerca stimoli e gratificazioni costanti senza considerare le conseguenze morali delle proprie azioni. L'esteta dà priorità alla libertà individuale e all'autoindulgenza, spesso conducendo a un'esistenza frammentata e transitoria.

La sfera estetica può essere vista come un regno di esperienza immediata, dove passioni, sensazioni e desideri sono in primo piano. È un mondo di piaceri sensoriali e bellezza estetica, dove l'individuo cerca la realizzazione edonistica nella ricerca della felicità personale. In questa sfera, l'individuo vive per il momento, abbracciando la spontaneità e rifiutando i vincoli delle norme morali convenzionali.

Tuttavia, la vita estetica non è sostenibile a lungo termine. Non riesce a fornire una realizzazione duratura e ignora la dimensione etica dell'esistenza umana. Come spiega Kierkegaard, "Chiunque rifiuti di passare dall'estetico all'etico è necessariamente esposto al pericolo di perdersi completamente".

Per progredire verso un'esistenza più significativa, bisogna passare dalla sfera estetica a quella etica. L'etica comprende doveri etici, responsabilità e un impegno verso principi morali che vanno oltre la gratificazione personale. Comporta l'adozione dei valori più elevati di onestà, integrità e compassione verso gli altri.

Il regno etico rappresenta un livello di coscienza superiore, in cui l'individuo riconosce la propria interconnessione con gli altri e si assume la responsabilità di agire in modo giusto ed etico. Richiede introspezione e autoriflessione, una volontà di impegnarsi nell'esistenza umana e di confrontarsi con dilemmi morali. Nella sfera etica, le azioni sono guidate da principi basati sull'equità, l'empatia e la ricerca del bene superiore.

Mentre la sfera etica sembra essere l'antitesi di quella estetica, Kierkegaard sostiene che un equilibrio tra le due è essenziale. Egli suggerisce che l'aspetto estetico non dovrebbe essere completamente trascurato, ma piuttosto integrato nella vita etica. Questa integrazione consente l'apprezzamento della bellezza e il godimento dei piaceri della vita entro i confini etici.

Il processo di bilanciamento di queste sfere è un compito soggettivo e continuo. Ogni individuo deve affrontare il proprio percorso, valutando e allineando costantemente le proprie azioni con considerazioni sia estetiche che etiche. Questo equilibrio non è uno stato fisso, ma un equilibrio dinamico che si evolve man mano che la comprensione di sé e del mondo si approfondisce.

Kierkegaard sottolinea che l'integrazione dell'estetica e dell'etica è cruciale per lo sviluppo olistico della personalità. Permette l'autotrascendenza e la realizzazione del sé autentico. Abbracciando l'etica, gli individui possono trovare uno scopo e un significato nelle loro vite, contribuendo al miglioramento della società.

Tuttavia, raggiungere questo equilibrio non è privo di sfide. Le richieste e le pressioni della società spesso spingono gli individui verso il conformismo e compromettono il loro sé autentico. Kierkegaard incoraggia gli individui a resistere a queste influenze esterne e a rimanere fedeli ai propri valori e convinzioni.

Inoltre, Kierkegaard sottolinea l'importanza delle dimensioni spirituali e religiose nella ricerca dell'equilibrio tra l'estetica e l'etica. Afferma che la spiritualità può offrire agli individui un quadro per riconciliare queste sfere fornendo una comprensione più profonda del sé e della natura interconnessa dell'esistenza umana.

La spiritualità offre agli individui uno spazio per la contemplazione e l'introspezione, consentendo loro di approfondire le questioni più profonde dell'esistenza. Attraverso pratiche come la meditazione, la preghiera o la connessione con la natura, gli individui possono sviluppare un senso di autoconsapevolezza e connessione accresciuti con il mondo che li circonda.

D'altra parte, le tradizioni religiose e filosofiche spesso offrono una guida sui principi etici e sui valori morali. Forniscono agli individui una bussola morale, consentendo loro di prendere decisioni eticamente informate. Questi quadri promuovono virtù come compassione, gentilezza e giustizia, radicando gli individui in un senso di scopo che va oltre i desideri personali.

Nel perseguimento di questo equilibrio, è importante riconoscere che non si tratta di un percorso lineare o diretto. Richiede costante auto-riflessione, adattamento e la volontà di sfidare i propri pregiudizi e preconcetti. Abbracciare contemporaneamente la sfera estetica ed etica significa abbracciare le tensioni e le complessità intrinseche che ne derivano. Implica il riconoscimento che potrebbero esserci casi in cui le esigenze di felicità personale e responsabilità etica si scontrano, richiedendo scelte difficili e compromessi.

In definitiva, Kierkegaard presenta una comprensione sfumata della relazione tra la sfera estetica e quella etica. Pur riconoscendo i limiti e le insidie dell'estetica, afferma l'importanza di mantenere un sano equilibrio tra le due. L'integrazione del godimento estetico e della responsabilità etica consente agli individui di condurre un'esistenza appagante e significativa, contribuendo alla loro crescita personale e al benessere della società nel suo complesso.

L'evoluzione della personalità e la responsabilità morale:

In "Equilibrio tra estetica ed etica nello sviluppo della personalità", Kierkegaard chiarisce la natura della sfera estetica, un regno che rappresenta una vita dedicata esclusivamente alla gratificazione immediata, all'indulgenza sensoriale e alla ricerca incessante di piaceri fugaci. All'interno di questa sfera, l'individuo è distaccato dalle norme e dalle responsabilità morali, dove i capricci del sé regnano sovrani. È un dominio in cui gli impulsi dettano le azioni, spesso conducendo a un'esistenza superficiale e in definitiva insoddisfacente. La sfera estetica, nella sua incessante ricerca del piacere personale, ci trascina in un vortice di desideri infiniti, accecandoci alle conseguenze delle nostre azioni e allontanandoci dal nostro vero sé autentico.

D'altro canto, la sfera etica indica una vita governata da valori morali, doveri e responsabilità verso se stessi, gli altri e la società. È qui che l'individuo agisce secondo principi universali, considerando le conseguenze a lungo termine e tenendo conto del benessere degli altri. La sfera etica infonde scopo e autenticità nelle nostre vite, fondando le nostre azioni su virtù come onestà, compassione e giustizia. È in questo ambito che gli individui adempiono veramente alla loro responsabilità morale e contribuiscono al miglioramento del mondo.

Tuttavia, Kierkegaard propone provocatoriamente che il vero percorso verso lo sviluppo personale non risieda nel rifiutare o sopprimere completamente la sfera estetica. Piuttosto, egli sostiene la ricerca di un equilibrio che riconosca e integri la sua presenza nel regno etico. Impegnandosi con gli aspetti estetici della vita senza diventarne schiavi, gli individui possono trarre arricchimento, ispirazione e creatività, tutti elementi che possono migliorare le loro scelte etiche e contribuire a un'esistenza più significativa.

Centrale nella filosofia di Kierkegaard è la nozione di responsabilità morale all'interno di questo equilibrio. Egli sottolinea che la vera responsabilità morale non può emergere da una vita dedicata esclusivamente alla ricerca del piacere nella sfera estetica. Le responsabilità etiche richiedono agli individui di trascendere i propri desideri e piaceri personali, anteponendo il benessere degli altri alla propria gratificazione immediata. La vera responsabilità morale comporta una riflessione costante sulle proprie azioni e sulle loro conseguenze, allineando le proprie scelte a uno scopo più elevato.

Inoltre, Kierkegaard approfondisce ulteriormente il concetto di autotrascendenza all'interno della sfera etica. Elevandosi al di sopra dei confini limitati del regno estetico, gli individui coltivano un profondo senso di responsabilità morale. È attraverso questo riconoscimento dell'interconnessione dell'esistenza umana, aiutato dal riconoscimento della nostra umanità condivisa, che gli individui si impegnano a fare scelte virtuose che promuovono il benessere collettivo. In questo impegno verso la sfera etica, gli individui attingono al potenziale sconfinato dentro di sé per plasmare un mondo migliore.

In tutto questo capitolo, Kierkegaard ci esorta a intraprendere un continuo viaggio introspettivo, impegnandoci in un dialogo costante con noi stessi. Siamo implorati di contemplare lo sviluppo delle nostre personalità e cercare il nostro equilibrio unico tra l'estetico e l'etico. Abbracciando questo equilibrio, ci evolviamo moralmente, ci assumiamo la responsabilità delle nostre azioni e creiamo un'esistenza armoniosa che allinea i nostri desideri interiori con i nostri obblighi etici.

Capitolo XIX
GLI ULTIMATUM

"Ultimatum":

In questa lettera, Kierkegaard approfondisce il concetto di ultimatum, esplorando il significato e le implicazioni della presentazione di un ultimatum in varie relazioni e situazioni. La lettera è scritta dalla prospettiva del personaggio B, che rappresenta la fase etica della vita.

B inizia riconoscendo l'immenso peso di presentare un ultimatum e le profonde conseguenze che può avere su entrambe le parti coinvolte. L'atto di presentare un ultimatum costringe gli individui a confrontarsi con i loro desideri più profondi e a fare scelte difficili che plasmeranno il loro futuro. Non è una decisione da prendere alla leggera, perché ha il potere di rafforzare una relazione o di porla a una brusca fine.

Un aspetto critico che B sottolinea quando presenta un ultimatum è la necessità di assoluta sincerità e autenticità. Questa sincerità non risiede solo nell'esprimere i propri desideri e limiti, ma anche nel riconoscere e sbrogliare le emozioni aggrovigliate che spesso li circondano. Per presentare un ultimatum onesto, bisogna prima confrontarsi e comprendere a fondo i propri bisogni e desideri. È attraverso questo viaggio introspettivo che gli individui possono discernere i propri veri desideri dalle aspettative della società o dall'influenza degli altri. Abbracciando l'autenticità ed evitando la manipolazione, entrambe le parti possono impegnarsi in uno scambio genuino che consente un'esplorazione onesta dei desideri e delle potenziali risoluzioni.

Inoltre, B approfondisce la complessità del tempismo quando si presenta un ultimatum. Mentre è fondamentale trovare il momento giusto per impegnarsi in questa conversazione, è altrettanto importante non ritardare la conversazione indefinitamente. La procrastinazione può portare a un'indecisione prolungata e a uno stato persistente di insoddisfazione. B suggerisce che si dovrebbe scegliere attentamente un momento in cui entrambi gli individui sono calmi e ricettivi al dialogo razionale. Così facendo, aumenta la probabilità di una comunicazione aperta e onesta, consentendo una risoluzione più produttiva.

Nel contesto di un ultimatum, B sottolinea l'importanza di una comunicazione rispettosa. Empatia e ascolto attivo diventano strumenti essenziali per preservare l'integrità della relazione anche quando sorgono tensioni. È fondamentale riconoscere che presentare un ultimatum non dovrebbe essere un atto di potere o controllo, ma piuttosto un'opportunità per entrambi gli individui di comprendere ed empatizzare con le prospettive dell'altro. Coltivando un ambiente di rispetto e comprensione reciproci, l'ultimatum diventa meno una richiesta e più un invito a scendere a compromessi e crescere insieme.

Inoltre, B sostiene che la presentazione di un ultimatum non dovrebbe essere considerata di per sé la soluzione definitiva. È fondamentale riconoscere che, sebbene la presentazione di un ultimatum possa portare a decisioni chiare e progressi in una relazione, c'è sempre la possibilità di un rifiuto o dell'incapacità di soddisfare le richieste. In questi casi, B suggerisce l'importanza dell'auto-riflessione. Diventa necessario esaminare le proprie motivazioni e aspettative per determinare se sono ragionevoli ed eque. Questa introspezione consente agli individui di chiedersi se sia possibile un compromesso o se sia meglio separarsi amichevolmente e perseguire percorsi che si allineano meglio con i propri valori e aspirazioni.

Analisi dell'importanza degli ultimatum:

Il concetto di ultimatum, al suo interno, implica l'atto di presentare una richiesta o una scelta chiara e non negoziabile a un'altra persona, con la consapevolezza che questa deve prendere una decisione entro i parametri dati. In superficie, un ultimatum può apparire conflittuale o duro, poiché costringe con la forza gli individui a confrontarsi con scelte difficili o ad affrontare le ripercussioni dell'inazione. Tuttavia, Kierkegaard svela una comprensione più profonda degli ultimatum, dimostrando che il loro vero valore risiede nella loro capacità di suscitare una profonda auto-scoperta e un autentico processo decisionale.

Gli ultimatum nascono dal riconoscimento che la vita è intrinsecamente complessa e costellata di scelte. Gli esseri umani si trovano ad affrontare innumerevoli decisioni ogni giorno, che vanno dal banale al monumentale, ciascuna con le proprie conseguenze. Tale processo decisionale può inevitabilmente portare a sentimenti di incertezza, indecisione e ansia. Tuttavia, gli ultimatum illuminano questa nebbia di incertezza offrendo un netto contrasto tra percorsi alternativi, consentendo agli individui di confrontarsi con le contraddizioni e i dilemmi intrinseci dell'esistenza.

Nell'ambito delle relazioni personali, gli ultimatum sono stati a lungo visti con scetticismo e spesso associati a dinamiche di potere o all'esercizio del controllo. Tuttavia, Kierkegaard sfida questa prospettiva limitata, dimostrando che gli ultimatum possono paradossalmente fungere da catalizzatori per promuovere confini sani, comunicazione genuina e comprensione reciproca. Quando impiegati abilmente, gli ultimatum possono creare uno spazio in cui gli individui possono coalizzarsi attorno a valori condivisi, negoziare differenze e far progredire le loro relazioni verso nuovi livelli di intimità e autenticità.

Presentando una scelta definitiva, un ultimatum impone una chiarezza che consente agli individui di valutare le componenti fondamentali delle loro relazioni. Li costringe a riflettere sull'importanza dei loro desideri, esaminare la loro compatibilità e valutare l'essenza del loro legame. Invitando conversazioni oneste e aperte, gli ultimatum garantiscono un'opportunità unica ai partner di esprimere i loro bisogni, stabilire confini e ridefinire i termini della loro connessione. In questo senso, gli ultimatum possono fungere da punti di svolta trasformativi, allontanando le relazioni dalla stagnazione e verso la crescita.

Il potere degli ultimatum risiede anche nella loro sottile capacità di costringere gli individui a confrontarsi con la profondità dei loro desideri, motivazioni e convinzioni. Stabilendo confini chiari e presentando la dura scelta di abbracciare un ultimatum o affrontare le conseguenze dell'inazione, gli individui sono spinti verso un momento di autoriflessione, un incontro con le loro speranze più intime, paure e potenziale inesplorato. Qui, l'ultimatum diventa uno strumento per l'auto-scoperta, un catalizzatore per gli individui per mettere in discussione lo scopo della loro vita, valutare l'autenticità dei loro desideri e, infine, intraprendere un percorso di profonda crescita personale.

D'altra parte, gli ultimatum servono come strumenti decisionali consequenziali, sfidando eticamente gli individui a riflettere sulle implicazioni di vasta portata delle loro scelte. Inducendo a una scelta definitiva tra opzioni contrastanti, gli ultimatum costringono gli individui a confrontarsi con le potenziali conseguenze delle loro azioni, mettendo così in primo piano le responsabilità etiche inerenti al processo decisionale. Impegnandosi in questo rigoroso esame morale, gli individui sono spinti verso una maggiore consapevolezza di sé, lo sviluppo dell'integrità personale e un impegno più profondo nella selezione di corsi d'azione che siano in linea con i loro valori e aspirazioni più cari.

Tuttavia, Kierkegaard mette in guardia contro l'uso improprio e l'abuso degli ultimatum. Quando vengono usati solo come strumenti di manipolazione o controllo, gli ultimatum perdono il loro potere trasformativo e invece generano risentimento, sfiducia e conflitti emotivi. L'autenticità e la genuina preoccupazione dietro un ultimatum sono fondamentli per la sua efficacia come strumento di crescita. È fondamentale che gli individui affrontino gli ultimatum con empatia, compassione e un genuino desiderio di coltivare un cambiamento significativo dentro di sé e nelle proprie relazioni.

Dilemmi etici e processo decisionale:

"Ultimatum" è un'esplorazione accattivante delle complessità insite nell'esperienza umana e delle lotte intrinseche che affrontiamo quando ci troviamo di fronte a scelte difficili.

Kierkegaard inizia dipingendo abilmente lo sfondo di un ultimatum, un potente catalizzatore che spinge gli individui nel crogiolo del processo decisionale. Un ultimatum, afferma, rappresenta una congiuntura critica nelle nostre vite quando le maree di responsabilità e conseguenza convergono, costringendoci a confrontarci con i nostri desideri più radicati, i nostri valori intrinseci e le fibre morali che tengono insieme la nostra esistenza.

Traendo ispirazione dalle sue esperienze vissute e dalla sua ampia riflessione filosofica, Kierkegaard si avventura a svelare la rete di responsabilità etiche intrecciate in un ultimatum. Sostiene che è in questi momenti di urgenza che i nostri valori e le nostre convinzioni diventano nettamente definiti, messi alla prova contro l'implacabile crogiolo della scelta. Ci troviamo intrappolati tra gli obblighi morali che abbiamo verso noi stessi e gli altri, legati ai fili della libertà personale, della responsabilità etica e della responsabilità comunitaria.

Mentre la narrazione si dipana, Kierkegaard esplora abilmente la duplice natura dei dilemmi etici, illuminando il paesaggio sfumato in cui le intenzioni si intersecano con le conseguenze. Egli sostiene che la vera introspezione etica richiede un esame approfondito delle nostre motivazioni, una scoperta delle forze motrici dietro le nostre decisioni. Solo esaminando attentamente gli istinti profondamente radicati, i pregiudizi sottili e le paure nascoste che influenzano i nostri pensieri e le nostre azioni si può sperare di attraversare il terreno eticamente irto di un ultimatum con chiarezza e integrità.

Kierkegaard approfondisce ulteriormente, discernendo la natura umana che esacerba il processo decisionale etico. Riconosce la potente interazione tra ragione e passione, l'equilibrio necessario per armonizzare le nostre facoltà intellettuali con le profondità profonde delle emozioni umane. È all'interno di questa interazione che il peso delle scelte si fa sentire più acutamente, mentre la spinta dei nostri desideri e la gravità dei nostri impegni si scontrano nei nostri cuori e nelle nostre menti.

Eppure, in mezzo alle complessità labirintiche, Kierkegaard rivela un barlume di speranza. Egli postula che il significato di un ultimatum non risiede solo nella scelta fatta, ma nella volontà dell'individuo di confrontarsi e lottare con le questioni fondamentali dell'esistenza. È in questi momenti di confronto che il nostro carattere si cristallizza, plasmando e plasmando la nostra traiettoria attraverso l'arazzo della vita. Il peso esistenziale che sopportiamo si trasforma in un'opportunità di crescita, mentre diventiamo architetti del nostro destino, sia rafforzati che umiliati dalla gravità delle nostre decisioni.

Così, dalle profondità delle complessità etiche, il lungo capitolo di Kierkegaard risplende come un faro luminoso di introspezione, guidando i lettori verso una comprensione più profonda di se stessi e dotandoli della saggezza e della determinazione per navigare nelle acque tumultuose del processo decisionale morale. Serve come un solenne promemoria che le nostre scelte non sono semplicemente eventi isolati, ma echi che riverberano attraverso il tempo e lo spazio, lasciando impronte indelebili sul tessuto delle nostre vite e delle vite di coloro che ci circondano. Nell'abbracciare questa responsabilità, emergiamo dal crogiolo dell'ultimatum non solo trasformati, ma anche armati della capacità di contribuire al bene superiore, di essere agenti di cambiamento positivo in un mondo che ha disperatamente bisogno di esempi morali.

Capitolo XX
LE ASPETTATIVE DELLA FEDE

"L'aspettativa della fede":

Nel suo discorso intitolato "L'aspettativa della fede", Søren Kierkegaard approfondisce la natura multiforme della fede e la sua complessa relazione con la ragione. Con profondità e intuito, Kierkegaard inizia la sua esplorazione distinguendo tra fede oggettiva e fede soggettiva. La fede oggettiva si basa su osservazioni esterne, prove empiriche e ragionamento logico per stabilire la fede in qualcosa di più grande di sé. Questo tipo di fede cerca la certezza attraverso prove esterne e può essere convalidata dalla mente razionale. Tuttavia, Kierkegaard sostiene che la fede soggettiva trascende la ragione e la logica, addentrandosi nel regno dell'ignoto e dell'ineffabile. È un'esperienza intensamente personale ed esistenziale che non può essere ridotta a sole deduzioni logiche.

La fede soggettiva, secondo Kierkegaard, richiede un impegno esistenziale, un coinvolgimento appassionato con le profonde questioni dell'esistenza. Questo impegno va oltre il semplice assenso intellettuale; coinvolge l'intero essere, comprendendo le proprie emozioni, desideri e volontà. È un atto di totale resa a qualcosa che va oltre se stessi, un riconoscimento dei limiti della comprensione umana e un coraggioso abbraccio dei misteri che si trovano oltre.

Al centro della comprensione di Kierkegaard della vera fede c'è il concetto di aspettativa. Egli postula che senza un'aspettativa, un'anticipazione e una speranza incrollabili per il compimento di ciò in cui si crede, la fede perde il suo potere trasformativo e diventa un'astrazione senza vita. L'aspettativa non è un'attesa passiva che accada qualcosa di esterno; è una partecipazione attiva allo sviluppo della propria fede. È attraverso l'aspettativa che gli individui vivono genuinamente le proprie convinzioni, impegnandosi nel continuo processo di divenire.

Inoltre, Kierkegaard approfondisce la natura paradossale della fede. Riconosce che la fede spesso richiede l'accettazione di nozioni apparentemente contraddittorie, che sfidano i limiti della comprensione umana. I paradossi, secondo Kierkegaard, non sono semplicemente contraddizioni illogiche, ma piuttosto porte di accesso a verità più grandi. È attraverso l'abbraccio di questi paradossi, come l'unione di finito e infinito o la coesistenza di sofferenza e gioia, che si può realizzare la piena profondità e ricchezza della fede.

Kierkegaard sottolinea che la vera fede non può essere forzata o imposta da fonti esterne. Deve essere una scelta personale dell'individuo e un impegno profondamente soggettivo. Questo è ciò che lui definisce il "salto della fede". Il salto comporta la volontà di correre rischi, di andare oltre i confini della certezza e avventurarsi nel regno dell'incertezza. Richiede di rinunciare alla necessità di prove empiriche o dimostrazioni logiche ed entrare nel regno trasformativo della fede. Il salto, paradossalmente, è sia un atto di libertà personale che una rinuncia al controllo, poiché implica riporre fiducia in qualcosa al di là di se stessi.

In questo profondo viaggio esistenziale di fede, Kierkegaard esplora la nozione di disperazione come catalizzatore essenziale per la crescita della fede. Sostiene che la disperazione, correttamente intesa, può fungere da potente motivatore per gli individui a cercare una connessione più profonda con qualcosa al di là dei confini del mondo finito. È attraverso il riconoscimento dei propri limiti, il riconoscimento dell'intrinseca incompletezza dell'esistenza umana, che emerge il desiderio di qualcosa di trascendente. La disperazione, quando correttamente affrontata e trasformata, diventa un trampolino di lancio verso l'aspettativa della fede.

Nel corso del suo discorso, Kierkegaard utilizza uno stile unico che fonde la filosofia con il linguaggio poetico, evocando un senso di profondità e introspezione. Incoraggia gli individui ad affrontare le sfide esistenziali insite nella fede e a impegnarsi per una fede genuina e fiduciosa che possa dare forma alle loro vite.

Comprendere le aspettative della fede:

L'esplorazione della fede di Kierkegaard inizia sottolineando il salto radicale della fede come elemento essenziale della fede religiosa. Egli postula che la fede richiede di trascendere la ragione e abbracciare la natura paradossale delle verità religiose. Invece di affidarsi esclusivamente alla razionalità, Kierkegaard sostiene che la fede richiede vulnerabilità, fiducia e una volontà di accettare l'ignoto.

Il salto della fede, come lo vede Kierkegaard, non è un mero esercizio intellettuale, ma un impegno personale ed esistenziale. È un atto di tuffo a capofitto nell'abisso dell'incertezza, scegliendo di afferrare qualcosa che va oltre la comprensione umana. Questo salto sfida le norme della ragione e sfida la nostra limitata comprensione della realtà, aprendo la possibilità di incontrare il divino ed esplorare le dimensioni spirituali più profonde della nostra esistenza.

Nel contesto della fede, Kierkegaard introduce il concetto di "sospensione teleologica dell'etica". Questa idea provocatoria suggerisce che la fede genuina richiede agli individui di mettere da parte i loro quadri etici convenzionali e di impegnarsi con i comandi divini che possono sembrare moralmente paradossali o moralmente incomprensibili alla mente umana finita. Nel fare ciò, la fede ha la precedenza sui giudizi morali della società e l'individuo ripone la massima fiducia in un ordine etico superiore.

Kierkegaard chiarisce ulteriormente la nozione che la fede non è una virtù conferita a tutti gli individui in modo uniforme, ma è invece una chiamata personale. Egli sostiene che la fede è un'esperienza soggettiva e individuale, non accessibile a tutti. Questa prospettiva sfida la comprensione prevalente della fede come concetto oggettivo e universalmente raggiungibile.

Secondo Kierkegaard, la fede non può essere acquisita solo attraverso forze esterne o argomenti persuasivi. È un incontro profondamente intimo tra l'individuo e il divino, radicato nella riflessione personale, nell'introspezione e in un profondo senso di desiderio. La fede richiede un risveglio interiore, una liberazione dai vincoli delle norme sociali e delle convenzioni stabilite e una volontà di abbracciare le incertezze del viaggio spirituale.

L'idea del "cavaliere della fede" emerge come nozione chiave nel discorso di Kierkegaard sulla fede. Il cavaliere della fede rappresenta l'epitome dell'individuo che ha pienamente abbracciato la fede, compiendo il salto della fede e arrendendosi al divino senza riserve. Questa figura ideale incarna l'unità paradossale del finito e dell'infinito all'interno dell'individuo, trascendendo l'esistenza ordinaria e abbracciando una realtà superiore.

Inoltre, Kierkegaard esplora la tensione tra fede e ragione. Sostiene che la ragione da sola non può condurre qualcuno alla fede. Invece, la fede richiede una fiducia irrazionale che supera i confini della ragione. Kierkegaard sostiene che gli individui devono fare un salto verso la fede, lasciandosi alle spalle i confini della comprensione logica e abbracciando l'incertezza che la accompagna.

Il salto della fede è un confronto con l'assurdo, in cui si incontrano contraddizioni e paradossi che la ragione non può risolvere. Richiede la volontà di accettare l'ignoto, di confrontarsi con le contraddizioni che esistono nel regno della fede stessa e di arrendersi a un regno che va oltre la comprensione umana. La fede richiede una sospensione della ragione, consentendo all'individuo di abbracciare una realtà superiore che trascende i limiti del pensiero logico.

In questo discorso, Kierkegaard approfondisce anche il concetto del dovere etico della fede. Afferma che la fede richiede un impegno verso azioni etiche e un sincero coinvolgimento con la responsabilità morale. La fede, secondo Kierkegaard, implica non solo una relazione personale con Dio, ma anche una trasformazione del proprio quadro etico e della propria condotta morale.

Per Kierkegaard, la fede non è una credenza astratta o un esercizio intellettuale, ma una realtà vissuta che si manifesta nella vita quotidiana dell'individuo. Spinge i credenti verso un nuovo modo di essere, caratterizzato da responsabilità etica, compassione e ricerca del bene. La fede richiede una trasformazione radicale del proprio carattere morale, guidando gli individui verso una vita di integrità e rettitudine.

Abbracciando il mistero e le incertezze della fede, gli individui possono approfondire la loro comprensione del divino e sperimentare un profondo senso di appagamento e scopo nelle loro vite. Le aspettative della fede ci richiedono di confrontarci con le tensioni tra ragione e irrazionalità, personale e collettivo, etico e divino. Attraverso questo discorso, Kierkegaard ci sfida ad abbracciare le incertezze della fede e a intraprendere un viaggio personale e introspettivo verso una comprensione più profonda del divino.

Esaminando la relazione tra fede e ragione:

Fede e ragione sono da tempo oggetto di indagine e dibattito filosofico, provocando profonde riflessioni sulla natura dell'esistenza e sull'esperienza umana. All'interno dell'arazzo di queste discussioni si trova l'esplorazione di Søren Kierkegaard della complessa interazione tra fede e ragione, offrendo approfondimenti profondi sulla loro relazione e sul potere trasformativo che detengono.

Nel panorama filosofico di Kierkegaard, la ragione assume un ruolo cruciale, illuminando il cammino della comprensione umana attraverso il ragionamento logico e le prove empiriche. È attraverso la ragione che analizziamo il mondo, prendiamo decisioni razionali e costruiamo un quadro di conoscenza. Kierkegaard riconosce questa importanza della ragione, ma mette in guardia contro i suoi limiti quando confrontato con questioni di fede.

Secondo Kierkegaard, la fede trascende il mero regno della comprensione razionale, abbracciando un incontro profondamente soggettivo e personale con il divino. Esiste oltre i confini della ragione e sfugge alla comprensione completa attraverso la sola logica. Per Kierkegaard, la fede autentica richiede un salto, un atto coraggioso di rinuncia ai limiti della comprensione umana e di accettazione dell'intrinseca misteriosità dell'esistenza.

Nel suo influente discorso intitolato "L'aspettativa della fede", che si trova all'interno del suo capolavoro Aut-Aut, Kierkegaard evidenzia la coesistenza di fede e ragione, sebbene in domini separati. La ragione, suggerisce, opera all'interno del regno oggettivo, cercando di comprendere e spiegare il mondo attraverso mezzi oggettivi. D'altro canto, la fede si addentra nell'incontro soggettivo e profondamente personale con il divino che va oltre ciò che la ragione può afferrare.

L'argomentazione di Kierkegaard comprende la nozione che la fede non dovrebbe essere percepita come irrazionale ma piuttosto come sovrarazionale, una verità non contraria alla ragione, ma che supera la razionalità. La vera fede, quindi, è un'esperienza intimamente personale che richiede all'individuo di abbracciare la natura paradossale dell'esistenza, riconoscendo i limiti della ragione e avventurandosi verso un incontro con il divino che si trova oltre la comprensione razionale.

Per illustrare la sua argomentazione, Kierkegaard si rivolge alla storia biblica di Abramo, un esempio di fede. La fede di Abramo non era fondata su prove logiche o ragionamenti infallibili, ma piuttosto su una fiducia incrollabile e obbedienza al comando di Dio. È nel caso della volontà di Abramo di sacrificare suo figlio Isacco, come prova di fede, che assistiamo al salto necessario per abbracciare pienamente un impegno religioso. È qui che la fede si espone come una forza che trascende la razionalità, prosperando nel regno del credere all'apparentemente impossibile.

Nella visione di Kierkegaard, fede e ragione si impegnano in una dialettica di complementarietà, una danza in cui nessuna delle due diminuisce l'altra, ma piuttosto espande l'ampiezza della comprensione umana. Mentre la ragione fornisce la struttura e gli strumenti necessari, la fede offre un significato profondo e uno scopo che si estende oltre i confini definiti della ragione.

Kierkegaard non promuove un cieco abbandono della ragione quando si abbraccia la fede. Invece, incoraggia un dialogo continuo tra fede e ragione, coltivando un interrogativo sempre presente e un desiderio di comprensione. Impegnandosi in questo discorso continuo, gli individui possono entrare nei regni sia della ragione che della fede, intrecciando la logica con lo spirituale per svelare una comprensione più profonda dell'esperienza umana.

Inoltre, Kierkegaard approfondisce il concetto di angoscia esistenziale, una cicatrice che rimane nel tessuto dell'esistenza umana. Riconosce che il confronto con i nostri limiti e il potenziale di disperazione gettano le basi per l'emergere di una fede più profonda. Di fronte alle incertezze della vita e all'assurdità intrinseca dell'esistenza, la ragione da sola può non essere in grado di fornire risposte soddisfacenti. La fede, d'altro canto, consente agli individui di incarnare e abbracciare questi paradossi esistenziali, trovando conforto in qualcosa di più grande di loro stessi, pur riconoscendo la propria finitezza.

Nell'esplorazione di fede e ragione di Kierkegaard, egli introduce la nozione di verità soggettiva, una verità intima e individualizzata che si intreccia con il tessuto della fede. Questa verità ha origine da esperienze personali, interpretazioni e prospettive soggettive degli individui, piuttosto che basarsi esclusivamente su verità oggettive e universalmente accettate. La fede, essendo un fenomeno profondamente personale e soggettivo, spesso si basa su queste verità soggettive, plasmando e guidando gli individui nei loro viaggi spirituali unici.

Capitolo XXI
BENI E REGALI

"Ogni dono buono e ogni dono perfetto vengono dall'alto":

Nel secondo dei "Due discorsi edificanti", intitolato "Ogni dono buono e perfetto viene dall'alto", l'autore approfondisce il profondo concetto di doni in un contesto spirituale. Questo discorso esplora l'idea che ogni dono buono e perfetto viene dall'alto, evidenziando il ruolo della provvidenza divina e l'importanza della gratitudine nelle nostre vite.

Kierkegaard inizia riconoscendo che la vita è piena di esperienze diverse e sfaccettate di ricezione di doni. Questi doni possono assumere varie forme, che vanno dai beni materiali e talenti alle relazioni e alle opportunità. Sono spesso visti come benedizioni, momenti di grazia che migliorano la nostra esistenza. Tuttavia, Kierkegaard sfida il lettore ad andare oltre la comprensione superficiale di questi doni e a contemplare le loro implicazioni più profonde.

L'autore sostiene che riconoscere l'origine di questi doni è fondamentale per sviluppare un autentico senso di gratitudine e una comprensione più profonda del loro scopo. Ci invita a esplorare l'idea che questi doni non siano semplicemente eventi casuali o prodotti del caso, ma piuttosto parte di un piano più ampio orchestrato da un potere superiore. Riconoscendo la fonte di questi doni come proveniente da Dio, iniziamo a percepirli non solo come cose che ci avvantaggiano, ma anche come opportunità di crescita spirituale, connessione e trasformazione.

Kierkegaard sottolinea la bontà intrinseca di questi doni, sottolineando che sono perfetti nella loro essenza. Nel farlo, sfida il lettore ad andare oltre le proprie preferenze o aspettative personali e a vedere invece ogni dono come perfetto in sé. Abbracciando questa prospettiva, possiamo andare oltre i giudizi superficiali e apprezzare l'intenzione e il significato sottostanti dietro ogni dono che riceviamo. Questo cambiamento di prospettiva ci consente di riconoscere la saggezza e la bellezza della provvidenza divina, anche di fronte alle avversità o alle circostanze inaspettate.

Inoltre, il discorso esplora l'idea che i doni non sono oggetti da possedere o possedere, ma piuttosto ci vengono affidati per la custodia. Kierkegaard suggerisce che ogni dono che riceviamo comporta la responsabilità di usarlo saggiamente e per lo scopo previsto. Riconoscendo il nostro ruolo di custodi di questi doni, siamo chiamati ad abbracciare un senso di responsabilità e gratitudine per la fiducia riposta in noi. Questa consapevolezza ci aiuta a capire che i nostri doni non sono solo per il nostro beneficio, ma anche per il miglioramento del mondo che ci circonda.

Durante tutto il discorso, Kierkegaard incoraggia il lettore a impegnarsi in una profonda riflessione sul proprio atteggiamento verso i doni e sull'importanza di coltivare una gratitudine genuina. Sottolinea che la vera gratitudine implica non solo il riconoscimento del dono materiale in sé, ma anche il riconoscimento dell'intento dietro di esso, l'amore e la cura che sono stati impiegati per donarlo. Entrando in questo spazio sacro di gratitudine, ci apriamo a una comprensione più profonda dell'interconnessione tra il dono, il donatore e noi stessi.

Kierkegaard esplora ulteriormente l'idea che i doni servano da catalizzatori per la crescita spirituale. Egli suggerisce che ogni dono ricevuto è un invito allo sviluppo personale e alla responsabilità morale. Abbracciando e implementando le qualità e le virtù associate a un dono, si può coltivare un senso più profondo di carattere e integrità. Questi doni servono da guide nel nostro viaggio verso l'autorealizzazione e l'illuminazione spirituale, spingendoci ad allinearci con valori e scopi più elevati.

D'altro canto, il discorso porta l'attenzione sui potenziali pericoli associati ai doni. Kierkegaard mette in guardia dall'attaccarsi agli aspetti materiali dei doni, poiché ciò può ostacolare la crescita spirituale e distorcere la percezione della loro origine. Invece, ci chiama a spostare la nostra attenzione sull'essenza spirituale dei doni che riceviamo. Così facendo, evitiamo la trappola di idolatrare il dono stesso e rimaniamo radicati nella nostra connessione con il divino, consentendo così a questi doni di diventare canali di comprensione e connessione spirituale più profonda.

Esplorare il concetto di doni in un contesto spirituale:

Per Kierkegaard, i doni hanno un duplice significato. In primo luogo, rappresentano l'abbondanza o le benedizioni concesse con grazia agli individui da un potere superiore. Questi doni provengono dall'alto e portano con sé un senso di provvidenza divina, ricordandoci la presenza amorevole che guida il nostro viaggio attraverso la vita. Servono come promemoria tangibili della cura e della considerazione che il trascendente ci offre, risvegliando in noi un profondo senso di gratitudine e riverenza.

Ma i regali hanno anche un profondo significato per i destinatari stessi. Non sono semplicemente oggetti o beni; servono come catalizzatori per la crescita personale, la trasformazione e il risveglio spirituale. Quando ricevuti con un cuore aperto e una mente attenta, i regali hanno il potere di risvegliare le nostre anime, approfondendo la nostra connessione spirituale ed espandendo la nostra coscienza per riconoscere i fili nascosti che interconnettono tutta l'esistenza.

La gratitudine, per Kierkegaard, diventa la risposta fondamentale a questi doni divini. Egli va oltre il semplice apprezzamento e chiarisce che la gratitudine è un modo di essere, una forza trasformativa che riverbera attraverso ogni aspetto del nostro essere. La gratitudine genuina non si limita alle parole o alle emozioni fugaci; è uno stato continuo della mente e del cuore, un impegno per tutta la vita a riconoscere e custodire i doni divini che ci sono stati conferiti.

Tuttavia, Kierkegaard mette anche in guardia contro i potenziali rischi associati alla percezione errata dei doni in un contesto spirituale. Mette in guardia gli individui dal confondere i risultati terreni, i talenti o i beni materiali con i doni più grandi. Mentre questi successi terreni possono avere un significato, possono spesso creare distrazioni, allontanando gli individui dalla genuina connessione spirituale che i doni dall'alto offrono. Kierkegaard ci esorta a reindirizzare la nostra attenzione lontano dai desideri e dai risultati temporali e invece a fissare il nostro sguardo sull'eterno, la fonte da cui sgorgano tutti i veri doni.

Per comprendere i doni in un contesto spirituale, bisogna anche considerare la loro interazione con la fede. Kierkegaard postula che il riconoscimento e l'apprezzamento dei doni possono approfondire la fede, instillando un profondo senso di fiducia nella provvidenza divina che governa le nostre vite. Riconoscendo che ogni dono buono e perfetto proviene da un potere superiore, gli individui sono incoraggiati a rinunciare alla propria autosufficienza e ad ancorare la propria fiducia al trascendente. Così facendo, la loro fede viene amplificata e trovano conforto nel sapere che i doni che ricevono provengono da una fonte più grande di loro.

L'esplorazione di Kierkegaard dei doni in un contesto spirituale funge da guida inestimabile, illuminando il percorso verso una connessione spirituale più profonda e autentica.

Riconoscendo e apprezzando le benedizioni nelle nostre vite, invitiamo il divino nelle nostre esperienze quotidiane, approfondendo la nostra connessione con il trascendente. Attraverso gratitudine, umiltà e fiducia nella provvidenza divina, ci allineiamo con uno scopo più elevato, sbloccando il potere trasformativo dei doni e abbracciando la profonda ricchezza che conferiscono alle nostre anime.

Gratitudine e Divina Provvidenza:

Kierkegaard sottolinea che la gratitudine non è semplicemente una convenzione sociale o un'espressione superficiale di cortesia. Invece, descrive la gratitudine come una disposizione essenziale dell'anima, uno stato trasformativo dell'essere che permea ogni aspetto della nostra vita. La gratitudine non è solo un atteggiamento di riconoscenza verso gli altri, ma principalmente verso il divino. Ci consente di riconoscere l'origine di tutte le cose buone, la fonte divina, e ci ispira a riconoscere la ricchezza e l'abbondanza presenti nelle nostre esperienze, non importa quanto significative o apparentemente insignificanti.

La gratitudine, nella sua forma più pura, è un atto di riverenza, un umile riconoscimento dell'interconnessione tra noi stessi, gli altri e il divino. Ci immerge in un profondo senso di soggezione e meraviglia, aprendo i nostri occhi al vasto arazzo di benedizioni che sono intrecciate nel tessuto delle nostre vite. Attraverso la gratitudine, diventiamo co-creatori consapevoli nel grande dispiegarsi dell'esistenza, partecipando umilmente alla danza divina della creazione.

Secondo Kierkegaard, un atteggiamento di gratitudine ci risveglia alla profonda realtà della provvidenza divina, alla cura meticolosa e alla guida con cui il divino orchestra i dettagli delle nostre vite. Ci incoraggia a contemplare la mano invisibile che plasma la nostra esistenza, rivelando lo scopo e il significato racchiusi in ogni momento, ogni incontro e ogni esperienza.

L'idea della provvidenza divina può inizialmente sembrare scoraggiante o persino inquietante, perché sfida il nostro senso di autonomia e controllo. Eppure, Kierkegaard ci invita ad abbracciare questo mistero divino, riconoscendo che è attraverso la rinuncia ai nostri desideri e progetti egoici che ci allineiamo con lo scopo più grande dell'universo. Rinunciando alla nostra prospettiva limitata, ci apriamo a un mondo di meraviglie che vanno oltre la nostra comprensione, un mondo in cui persino l'evento apparentemente più insignificante ha un significato profondo.

La provvidenza divina, suggerisce Kierkegaard, non si limita a eventi grandiosi o circostanze straordinarie; si estende ai dettagli più minuti della nostra esistenza quotidiana. È nell'apparentemente piccolo e banale che ci attendono le sorprese divine, se solo abbiamo il discernimento per percepirle. Ogni incontro, ogni momento di gioia e dolore, ha un significato che è intessuto nell'arazzo delle nostre vite, contribuendo alla narrazione più ampia che è creata dalla mano divina.

Riconoscere la provvidenza divina richiede sintonia, una sensibilità accresciuta ai modelli, alle sincronicità e alle sottili spinte che guidano i nostri percorsi. Richiede che sviluppiamo un senso più profondo di intuizione e discernimento, una volontà di abbandonare le nostre nozioni preconcette su come la vita dovrebbe svolgersi e invece abbracciare il flusso dell'esistenza. Quando ci sintonizziamo con la presenza divina dentro e intorno a noi, i miracoli diventano eventi quotidiani e la vita stessa diventa una danza sacra.

Il riconoscimento della provvidenza divina non dovrebbe condurci alla passività o all'accettazione cieca; piuttosto, dovrebbe ispirarci ad abbracciare una posizione di partecipazione attiva. Quando diventiamo consapevoli dei modelli e delle sottili sincronicità che guidano i nostri percorsi, siamo invitati ad allineare la nostra volontà e le nostre azioni con lo scopo divino. La gratitudine diventa un catalizzatore per l'auto-riflessione e l'auto-scoperta, conducendoci a un maggiore allineamento con il nostro vero sé e consentendoci di adempiere ai nostri ruoli unici in questo grande dramma cosmico.

Tuttavia, Kierkegaard mette anche in guardia contro una mentalità di diritto o di compiacenza che mina la capacità di riconoscere e apprezzare i doni divini. Invece, incoraggia l'umiltà, una profonda comprensione dei nostri limiti e un riconoscimento della nostra dipendenza dal divino. L'umiltà ci consente di ricevere i doni che ci vengono conferiti con riverenza e gratitudine, amplificandone l'impatto e trasformandoli in fonti di profonda gioia e appagamento.

Nella visione del mondo di Kierkegaard, la gratitudine e il riconoscimento della provvidenza divina vanno oltre le pratiche culturali o le strutture religiose. Sono atteggiamenti fondamentali che ci consentono di trascendere il banale e abbracciare il trascendentale. Coltivando un cuore grato e sintonizzandoci con i sottili meccanismi della provvidenza divina, invitiamo una connessione più profonda con noi stessi, gli altri e la realtà trascendente che giace nel cuore dell'esistenza.

Quando riconosciamo la provvidenza divina e ci impegniamo in autentici atti di gratitudine, entriamo in una comunione sacra con il divino, partecipando a una sinfonia di amore, bontà e bellezza. Iniziamo a vedere che ogni momento è un dono e ogni sfida è un'opportunità di crescita e trasformazione. La gratitudine diventa la nostra bussola, che ci guida attraverso il flusso e il riflusso della vita, ricordandoci di fidarci del piano divino che si sta dispiegando.

Capitolo XXII
PENSIERO, TEMPO E RICERCA UMANA

"Man mano che il Pensiero si assorbe sempre di più nel Futuro, perde la Via nel suo Inquieto Tentativo di forzare o estorcere una Spiegazione dall'Indovinello":

Nel discorso aggiunto alla seconda edizione di Aut-Aut di Søren Kierkegaard, intitolato "Man mano che il pensiero si assorbe nel futuro, si perde nel suo incessante tentativo di forzare o estorcere una spiegazione dall'enigma", Kierkegaard esamina la relazione tra pensiero, tempo e la ricerca umana di comprensione e controllo.

Kierkegaard postula che la fissazione sul futuro è radicata in un desiderio umano fondamentale di certezza e controllo. È radicato nella nostra natura cercare spiegazioni e prevedibilità per affrontare le nostre vite con un senso di sicurezza. Dopotutto, l'ignoto e l'imprevedibile possono essere scoraggianti, portandoci ad afferrare qualsiasi parvenza di certezza che possiamo trovare.

Viviamo in una società che valorizza la pianificazione, il calcolo e la strategia. Fin da piccoli, ci viene insegnato a stabilire obiettivi, formulare piani dettagliati e lavorare meticolosamente per il loro raggiungimento. C'è una convinzione di fondo che, tracciando il futuro e anticipando ogni possibile risultato, possiamo proteggerci dalla delusione e dal fallimento. Siamo sedotti dall'idea che se solo potessimo svelare i misteri del futuro, potremmo controllarlo a nostro vantaggio.

Tuttavia, Kierkegaard contesta questa nozione, sostenendo che fissandoci sul futuro, siamo derubati della ricchezza e complessità del momento presente. Il tempo, sostiene, non è semplicemente una progressione lineare che ci trasporta dal passato al futuro. È un arazzo in continuo dispiegamento intessuto con i fili delle nostre esperienze, emozioni e interazioni. Ogni momento è unico e insostituibile, offrendo il suo profondo significato e potenziale di crescita.

Quando ci immergiamo nel futuro, i nostri pensieri sono dominati da ciò che deve ancora venire. Siamo allontanati dal presente, lamentandoci del passato o desiderando ardentemente un futuro che rimane incerto. In questo stato, non siamo in grado di impegnarci pienamente con le meraviglie del qui e ora. I colori vivaci del momento presente sbiadiscono e la vita perde il suo splendore.

Kierkegaard osserva che nel nostro inquieto tentativo di forzare o estorcere una spiegazione dall'enigma del futuro, perdiamo la strada. Ci ritroviamo in uno stato perpetuo di desiderio, di desiderio ardente per qualcosa che potrebbe non materializzarsi mai. Inseguiamo risposte che ci sfuggono, aggrappandoci a possibilità che ci sfuggono. In questa caccia, perdiamo l'opportunità di abbracciare pienamente i misteri e le rivelazioni del presente.

Questa incessante ricerca di controllo e certezza alla fine porta a una profonda disillusione. Più ci sforziamo di svelare l'enigma del futuro, più ci rendiamo conto della sua natura resistente ed enigmatica. Diventa evidente che soddisfare il nostro desiderio di conoscenza e certezza complete è un compito insormontabile, che non potrà mai essere veramente raggiunto. Ci troviamo di fronte alla consapevolezza che il futuro è al di là del nostro controllo e nessuna quantità di abilità intellettuale o pianificazione può cambiare ciò.

Paradossalmente, è nell'abbracciare questa incertezza intrinseca che troviamo la vera libertà e autenticità. Quando lasciamo andare il bisogno di controllare e manipolare il futuro, ci apriamo alle possibilità che emergono nel presente.

Iniziamo a danzare con il ritmo della vita, confidando nel nostro intuito e abbracciando l'ignoto. Invece di lottare per forzare o invogliare una spiegazione, impariamo ad accettare e ad arrenderci alla meravigliosa imprevedibilità dell'esistenza.

In questa resa, scopriamo la bellezza del flusso e della spontaneità. Ci sintonizziamo di più con il flusso e riflusso della vita, comprendendo che non può essere confezionato e controllato in modo ordinato. Troviamo conforto nell'idea che la vita, come una grande opera d'arte, è destinata a essere vissuta in tutte le sue sfumature, contraddizioni e sorprese. Affrontando le incertezze con una mente e un cuore aperti, diventiamo partecipanti attivi nella creazione continua della nostra narrazione.

Analisi del discorso aggiunto:

Contemplando la relazione tra pensiero e tempo, Kierkegaard illumina un dilemma insito nella condizione umana: la tensione perpetua tra il momento presente e il futuro che si dispiega. Quando il pensiero si impiglia nella narrazione dell'ignoto, inizia a perdere il suo equilibrio, spinto da una fame insaziabile di risposte, spiegazioni e certezze. E tuttavia, l'atto stesso di guardare avanti, di proiettarci nel futuro, ci rende suscettibili ai pericoli del disorientamento, allontanandoci ulteriormente dall'essenza dell'esistenza.

Con astuta introspezione, Kierkegaard dissotterra la familiare irrequietezza che permea la nostra incessante ricerca della conoscenza. Questa inestinguibile sete di comprensione spesso ci porta fuori strada, mentre ci confrontiamo con i limiti della nostra stessa comprensione e ci confrontiamo con l'innegabile complessità dell'enigma della vita. Nella nostra ricerca di certezza, diventiamo come esploratori frenetici, che tentano di tracciare una rotta attraverso i mari inesplorati della mente, perdendoci nella vastità dell'ignoto.

In questo discorso, Kierkegaard rivela l'inutilità del tentativo di imporre la nostra volontà sull'enigma della vita. L'intelletto umano, nella sua inflessibile ricerca di risposte e spiegazioni, spesso trascura l'importanza della pazienza, dell'auto-riflessione e dell'accettazione delle incertezze intrinseche della vita. Invece di forzare il significato dalle profondità dell'inconoscibile, Kierkegaard postula che dobbiamo coltivare la volontà di abbracciare il mistero stesso che cerchiamo di svelare. È in questa resa all'inspiegabilità intrinseca dell'esistenza che troviamo conforto, concedendoci il permesso di sciogliere i legami che ci legano all'incessante ricerca della certezza.

Kierkegaard ci invita ad adottare un approccio più umile e ricettivo al pensiero, riconoscendo i limiti intrinseci della conoscenza e resistendo all'allettante tentazione di cercare incessantemente risposte definitive. Invece, ci incoraggia ad accogliere l'ignoto, ad abbracciare le domande in gestazione che abitano il nucleo del nostro essere. È attraverso questa resa alla distesa della nostra ignoranza che scopriamo la vera essenza della saggezza: un'armonia tra l'indagine intellettuale e una profonda riverenza per ciò che trascende la nostra comprensione.

Nel contemplare questo discorso, siamo invitati ad attraversare nuovi territori di coscienza, dove la conoscenza da sola non è la ricerca ultima. Kierkegaard ci invita a riconoscere che la vera saggezza non risiede nell'accumulo di fatti e spiegazioni, ma nella nostra volontà di abbracciare le incertezze e le complessità intrinseche della vita. Rinunciando alla necessità di risposte definitive, creiamo spazio affinché fede, intuizione e compassione guidino il nostro discernimento, concedendoci l'opportunità di ricavare un significato profondo dalle ambiguità che pervadono la nostra esistenza.

Riflessioni sulla natura del pensiero e sulla ricerca del significato:

Kierkegaard sostiene che nella nostra inflessibile ricerca di risposte, trascuriamo inavvertitamente il momento presente. Il fascino di scoprire spiegazioni definitive spesso ci rende ciechi alla ricchezza dell'esperienza attuale. Fissandosi sul futuro, il pensiero si separa dalla bellezza e dalla profondità del presente, come se stesse correndo verso un traguardo anziché immergersi nel viaggio.

Tuttavia, Kierkegaard sostiene che il tentativo irrequieto di forzare o invogliare a una spiegazione nasce da un innato desiderio umano di certezza e sicurezza. I misteri e le incertezze dell'esistenza ci innervosiscono, portandoci a cercare rifugio in risposte concrete che possano fornire una parvenza di controllo sulle nostre vite. È questo desiderio di stabilità che spinge il pensiero verso una ricerca incessante di significato, spesso a costo di abbracciare l'ambiguità e la meraviglia dell'ignoto.

Eppure, è qui che sta il paradosso. Mentre la sete umana di significato è comprensibile, Kierkegaard avverte che questa ricerca incessante può portare il pensiero fuori strada su un percorso fuorviante. Chiedendo risposte, il pensiero gravita verso la ricerca di soluzioni piuttosto che impegnarsi con le domande stesse. È nella lotta con le incertezze che spesso nasce una comprensione autentica, non nell'afferrare facili risoluzioni.

Pertanto, Kierkegaard sposa una prospettiva alternativa. Egli suggerisce che il pensiero dovrebbe abbracciare i suoi limiti intrinseci e imparare ad apprezzare l'arte di meravigliarsi. Ciò richiede uno spostamento di attenzione dalla ricerca di risposte definitive alla coltivazione di una profonda curiosità sul tessuto dell'esistenza. Rinunciando al bisogno di certezza, il pensiero si apre alla vastità delle possibilità, accogliendo la profonda bellezza degli enigmi della vita.

Per intraprendere questo viaggio trasformativo, Kierkegaard ci invita a esplorare la natura dei paradossi e delle tensioni presenti nella nostra stessa esistenza. Invece di cercare di ridurre queste polarità a una verità singolare, ci incoraggia ad abbracciare la complessità e la tensione della nostra condizione umana. Nell'abbraccio del paradosso, trova un terreno fertile per l'emergere di un'intuizione autentica e una comprensione più profonda del nostro posto nel mondo.

Kierkegaard suggerisce inoltre che la ricerca di significato si estende oltre il regno dell'indagine intellettuale. Mentre l'analisi razionale ha il suo posto, è solo una sfaccettatura di un approccio multiforme alla comprensione. Per comprendere appieno la profondità dell'esistenza, il pensiero deve impegnarsi con gli aspetti multiformi dell'esperienza umana. Non è solo nel regno della ragione che si possono trovare risposte, ma nell'armonia di intelletto, emozione e spiritualità. Questo approccio olistico consente al pensiero di trascendere i propri limiti, abbracciando l'intero spettro dell'esistenza umana nella ricerca della comprensione.

Abbracciando i paradossi e le complessità della vita, il pensiero diventa uno strumento per andare oltre le semplici analisi nel regno del dialogo autentico e dell'azione trasformativa. Kierkegaard ci esorta a coltivare un senso di meraviglia e timore reverenziale, ad affrontare ogni momento ed esperienza con una rinnovata curiosità. Così facendo, invitiamo il mistero dell'esistenza a dispiegarsi davanti a noi, rivelandone la profondità e la bellezza.

Capitolo XXIII
L'IMPATTO FILOSOFICO DI AUT-AUT

Il capolavoro Aut-Aut di Søren Kierkegaard ha avuto un impatto profondo e multiforme su varie scuole filosofiche, plasmando la loro comprensione dell'esistenzialismo, della fenomenologia, del postmodernismo, dell'ermeneutica e del pragmatismo. Addentrandosi nell'esistenza umana, sfidando le nozioni tradizionali di verità e sottolineando la natura soggettiva della realtà, l'opera di Kierkegaard ha lasciato un segno indelebile nel panorama filosofico.

1. Esistenzialismo: L'Aut-Aut di Kierkegaard ha svolto un ruolo fondamentale nel gettare le basi dell'esistenzialismo, un movimento filosofico che si occupa principalmente dell'esperienza dell'individuo, della libertà e dell'intrinseca mancanza di significato della vita. L'esplorazione di Kierkegaard dell'angoscia esistenziale dell'individuo, la sua enfasi sul ruolo soggettivo della scelta e il riconoscimento dell'impossibilità di raggiungere una certezza oggettiva hanno trovato profonda risonanza nei pensatori esistenzialisti come Jean-Paul Sartre e Albert Camus. Basandosi sulle idee di Kierkegaard, gli esistenzialisti sostengono che gli individui hanno la libertà di creare il proprio significato in un mondo spogliato di uno scopo intrinseco. Questa libertà esistenziale, sebbene rafforzante, fa emergere anche l'ansia della scelta e della responsabilità. L'opera di Kierkegaard spinge gli esistenzialisti a contemplare l'essenza dell'esistenza umana, l'esperienza del terrore esistenziale e la ricerca dell'autenticità e dell'autorealizzazione di fronte a una realtà assurda.

2. Fenomenologia: Il profondo impegno di Kierkegaard con l'esperienza soggettiva e il mondo delle apparenze ha influenzato in modo significativo lo sviluppo della fenomenologia, una filosofia che cerca di descrivere i fenomeni così come appaiono alla coscienza. Edmund Husserl, considerato il padre della fenomenologia, si è ispirato alla ricca esplorazione della realtà soggettiva di Aut-Aut, esaminando i modi in cui la coscienza dà significato al mondo oltre le semplici osservazioni oggettive. Questa enfasi sulle esperienze vissute e il riconoscimento del loro ruolo nel plasmare la nostra comprensione della realtà hanno gettato le basi per i successivi pensatori fenomenologici. Il lavoro di Kierkegaard spinge i fenomenologi a indagare le strutture della coscienza, l'interazione tra soggetto e oggetto e la relazione tra la nostra comprensione della realtà e le nostre esperienze soggettive di essa.

3. **Postmodernismo:** La critica di Kierkegaard ai sistemi di pensiero consolidati e la sua enfasi sulla verità soggettiva hanno influenzato notevolmente il postmodernismo. Rifiutando la nozione di una realtà oggettiva, filosofi postmoderni come Jacques Derrida e Michel Foucault hanno costruito sulle idee di Kierkegaard e hanno cercato di decostruire le narrazioni prevalenti, sfidare le strutture tradizionali del potere e mettere in discussione la validità delle verità universali. L'esplorazione di Aut-Aut del ruolo della soggettività individuale nel plasmare la verità e la realtà ha risuonato con il rifiuto postmoderno delle grandi narrazioni, sottolineando la molteplicità di prospettive e conoscenze. Il riconoscimento da parte di Kierkegaard della natura contingente e socialmente costruita della verità alimenta lo scetticismo dei pensatori postmoderni verso le metanarrazioni e la loro enfasi sulla natura situata della conoscenza.

4. **Ermeneutica:** L'opera di Kierkegaard ha lasciato un'impronta indelebile nell'ermeneutica, un approccio filosofico interessato all'interpretazione e alla comprensione. Studiosi come Hans-Georg Gadamer hanno attinto alle idee di Kierkegaard, in particolare alla sua enfasi sulla natura interpretativa del linguaggio e sulla necessità di una soggettività impegnata nel processo di interpretazione. Le intuizioni di Kierkegaard

sull'esistenza umana e il suo riconoscimento del ruolo pervasivo dell'esperienza soggettiva hanno profondamente influenzato i filosofi ermeneutici nella loro esplorazione della comprensione e dell'interpretazione significative. Tali impegni ermeneutici cercano di colmare il divario tra l'autore, il testo e il lettore, riconoscendo il ruolo delle prospettive e delle esperienze individuali nell'interpretazione e nella comprensione di testi carichi di significato.

5. Pragmatismo: La rilevanza di Kierkegaard si estende anche al pragmatismo, una scuola filosofica che enfatizza le conseguenze pratiche di credenze e azioni. Pensatori pragmatici come Richard Rorty hanno adottato le nozioni di verità di Kierkegaard come impegno personale, esaminando i risultati funzionali e pratici delle credenze piuttosto che la loro corrispondenza metafisica con la realtà. Evidenziando l'importanza di valutare le credenze in base ai loro risultati pratici ed esaminandone le conseguenze, i pragmatisti hanno abbracciato il riconoscimento di Kierkegaard del significato dell'impegno personale e delle esperienze vissute. L'approccio pragmatico, influenzato da Kierkegaard, enfatizza l'importanza dell'azione, della sperimentazione e dell'impegno personale nella ricerca della verità e nella creazione di un'esistenza significativa.

Capitolo XXIV
INFLUENZA SULLA PSICOLOGIA

L'impatto di Kierkegaard sulla psicologia è multiforme e abbraccia un'ampia gamma di teorie e approcci terapeutici. Le sue ricche intuizioni sulla natura umana, la verità soggettiva e i dilemmi esistenziali continuano a plasmare il campo, ispirando ricercatori e professionisti della psicologia a esplorare l'esperienza umana.

1. Psicologia fenomenologica: L'enfasi di Kierkegaard sull'esperienza soggettiva e sulle crisi esistenziali si allinea strettamente con i fondamenti della psicologia fenomenologica. La fenomenologia, avviata da filosofi come Edmund Husserl e Maurice Merleau-Ponty, si concentra sullo studio della coscienza soggettiva e del significato che attribuiamo alle nostre esperienze. Le intuizioni di Kierkegaard sull'esperienza vissuta e la sua distinzione tra verità oggettiva e soggettiva hanno influenzato pesantemente gli approcci fenomenologici. Gli psicologi fenomenologici riconoscono che le esperienze soggettive e l'interpretazione unica della realtà da parte dell'individuo plasmano le sue percezioni, emozioni e comportamenti. L'opera di Kierkegaard serve a ricordare che la comprensione della condizione umana deve essere fondata sulle esperienze soggettive degli individui.

2. Psicologia delle profondità: Gli scritti di Kierkegaard risuonano anche con la psicologia delle profondità, che esplora le dinamiche inconsce e i significati simbolici alla base del comportamento umano. Influenzato dalla filosofia di Kierkegaard, Carl Jung sviluppò le sue teorie sull'inconscio collettivo e sul simbolismo trovato nei sogni e nei miti. Sia Kierkegaard che Jung riconoscono l'importanza di scoprire strati nascosti della mente inconscia per comprendere le motivazioni umane e i dilemmi esistenziali. Gli psicologi delle profondità utilizzano le nozioni di Kierkegaard sull'inconscio e la sua esplorazione delle lotte interiori dell'individuo per guidare i loro approcci terapeutici. Analizzando le profondità della psiche, gli individui possono acquisire intuizioni su conflitti irrisolti e trovare percorsi verso la crescita personale e l'autorealizzazione.

3. **Psicologia narrativa:** La psicologia narrativa si concentra sulla costruzione di narrazioni personali e sui modi in cui gli individui danno un senso alle proprie vite. I concetti di verità soggettiva di Kierkegaard e l'importanza delle narrazioni personali si allineano a questo quadro. La nostra comprensione del sé e dell'identità personale è spesso modellata dalle storie che creiamo sulle nostre vite. L'esplorazione di Kierkegaard delle fasi della vita, in particolare all'interno della sua opera "Stadi sul cammino della vita", offre spunti sulla costruzione narrativa dell'identità personale e sui modi in cui gli individui affrontano i vari ruoli e le sfide che incontrano. Gli psicologi narrativi attingono alla comprensione di Kierkegaard della verità soggettiva e all'interpretazione soggettiva degli eventi della vita per illuminare il processo di costruzione delle narrazioni personali. Esaminando le narrazioni che costruiamo e le storie che raccontiamo su noi stessi, gli individui possono acquisire una comprensione più profonda delle proprie esperienze e scoprire nuove prospettive per la crescita personale e la creazione di significato.

4. **Terapia focalizzata sulle emozioni (EFT):** La terapia focalizzata sulle emozioni (EFT) sottolinea l'importanza di identificare, esprimere e regolare le emozioni in terapia. L'esplorazione delle emozioni umane da parte di Kierkegaard, in particolare in relazione alle ansie esistenziali e ai dilemmi morali, è in linea con i principi dell'EFT. Kierkegaard ha riconosciuto la profondità e il significato delle esperienze emotive, evidenziando il ruolo delle emozioni nel plasmare le nostre risposte all'esistenza. I terapeuti EFT attingono alle intuizioni di Kierkegaard per aiutare i clienti a esplorare, esprimere ed

elaborare le proprie emozioni. Integrando la comprensione delle esperienze emotive di Kierkegaard, l'EFT promuove la consapevolezza emotiva, la regolazione emotiva adattiva e il benessere psicologico migliorato.

5. Psicologia transpersonale: La psicologia transpersonale si espande oltre i confini convenzionali del sé individuale, esplorando gli aspetti spirituali, mistici e trascendenti dell'esperienza umana. L'opera di Kierkegaard contiene sfumature spirituali, poiché ha esaminato profondamente la relazione dell'individuo con Dio, la fede e la ricerca di significato. Gli psicologi transpersonali attingono all'esplorazione di Kierkegaard della spiritualità esistenziale, così come alla sua comprensione della ricerca dell'individuo di esperienze trascendenti, per guidare le loro indagini sulle dimensioni trasformative e trascendenti della natura umana. Integrando le idee di Kierkegaard, la psicologia transpersonale offre una comprensione più ampia e profonda dell'esperienza umana, che comprende sia i regni personali che quelli transpersonali.

Capitolo XXV
AUT-AUT, CULTURA E SOCIETÀ MODERNA

Attraverso la sua esplorazione dell'esistenzialismo, dell'individualismo, dell'ironia e della fede, Kierkegaard ha influenzato in modo significativo la nostra comprensione di noi stessi e del mondo in cui viviamo.

Uno dei concetti fondamentali che Kierkegaard ha sottolineato è stato l'esistenzialismo. Ha affermato che l'esistenza precede l'essenza, il che significa che gli individui definiscono se stessi attraverso le loro azioni e scelte piuttosto che essere predeterminati da fattori esterni. Questa enfasi esistenziale sulla responsabilità personale e sulla libertà ha permeato la cultura moderna. Ha promosso un senso di empowerment individuale e ha ispirato le persone ad assumersi la responsabilità delle proprie vite, a prendere decisioni autonome basate sui propri valori e a perseguire l'auto-scoperta.

L'esistenzialismo, reso popolare da Kierkegaard, sfida gli individui a confrontarsi con l'assurdità e l'insensatezza intrinseche della vita, spingendoli a trovare il proprio scopo e a creare un significato personale. Questa filosofia ha influenzato non solo l'arte, la letteratura e la filosofia, ma anche la psicologia, l'istruzione e persino i movimenti politici. Incoraggiando gli individui ad affrontare le questioni dell'esistenza, dell'identità e della condizione umana, le idee di Kierkegaard hanno spinto a spostare l'attenzione dalle strutture esterne e dalle aspettative sociali all'esperienza soggettiva e alla realizzazione del potenziale personale.

Nel regno della letteratura e dell'arte, Kierkegaard ha lasciato un segno indelebile. I suoi scritti, pieni di immagini vivide, linguaggio poetico e personaggi complessi, continuano a ispirare opere letterarie contemporanee. L'esplorazione di

Kierkegaard dell'esistenza umana, dei paradossi dell'amore e delle relazioni e dell'angoscia esistenziale vissuta dagli individui ha trovato eco in autori e artisti, portando alla creazione di opere profonde e introspettive.

L'influenza di Kierkegaard può essere vista nelle opere di scrittori esistenzialisti come Albert Camus, Jean-Paul Sartre e Franz Kafka, che hanno ulteriormente approfondito i temi dell'esistenzialismo e dell'insensatezza nei loro scritti. Questi autori hanno esplorato la tensione tra la libertà individuale e l'assurdità di un mondo privo di significato intrinseco, approfondendo l'esperienza umana di isolamento, alienazione e ricerca di autenticità personale. Attraverso le loro opere, hanno portato avanti l'eredità di Kierkegaard di sfidare le prevalenti visioni razionalistiche e deterministiche del mondo, offrendo una comprensione più sfumata dell'esistenza umana.

La critica di Kierkegaard al consumismo e al materialismo ha avuto un impatto pervasivo anche sulla società moderna. Nelle sue opere, ha trasmesso l'idea che la ricerca incessante di ricchezza e beni materiali non porta a vera realizzazione o appagamento. Sottolineando l'importanza della spiritualità interiore e della crescita personale, Kierkegaard ha sfidato i valori sociali prevalenti incentrati sull'abbondanza materiale.

Oggi, la sua critica continua a spingere gli individui a riflettere sul vuoto della cultura consumistica, portandoli a cercare un significato in aspetti più significativi della vita, come le relazioni, lo sviluppo interiore e l'autorealizzazione. Man mano che gli individui diventano più consapevoli della natura transitoria dei beni materiali e del vuoto intrinseco delle attività superficiali, sono sempre più attratti da pratiche come il minimalismo, la consapevolezza e la vita sostenibile che forniscono un senso di appagamento e connessione al di là della ricchezza materiale.

Inoltre, il concetto di autenticità di Kierkegaard ha trovato profonda risonanza nella società moderna. Egli sosteneva che vivere una vita autentica implica essere fedeli a se stessi piuttosto che conformarsi alle aspettative della società. L'enfasi di Kierkegaard sull'individualità, l'autoesplorazione e l'autoespressione ha influenzato la cultura moderna incoraggiando le persone ad abbracciare le proprie identità uniche e a seguire le proprie passioni.

Questo spostamento verso l'autenticità può essere osservato nei movimenti che promuovono diversità, inclusività e accettazione di sé, poiché gli individui sono ispirati a celebrare le proprie differenze anziché sopprimerle nel tentativo di conformismo sociale. L'ascesa dei social media e delle piattaforme online ha anche facilitato l'espressione di identità ed esperienze individuali, offrendo uno spazio in cui le persone possono condividere le proprie storie, opinioni e sforzi creativi. La chiamata di Kierkegaard all'autenticità ha contribuito a plasmare una cultura che incoraggia l'auto-scoperta, l'auto-accettazione e la ricerca della realizzazione personale.

L'ironia e l'autoinganno, due temi centrali nella filosofia di Kierkegaard, hanno avuto anche un effetto duraturo sulla cultura moderna. Kierkegaard ha esaminato i modi in cui gli individui spesso adottano comportamenti ironici come meccanismo di difesa, mascherando i loro sentimenti e desideri genuini. La sua esplorazione dell'ironia ha influenzato la cultura moderna spingendo gli individui a riflettere sulle proprie azioni, motivazioni e sulle narrazioni sottostanti che costruiscono.

Questa critica auto-riflessione aiuta a identificare e smantellare le barriere che ostacolano la crescita personale e l'autenticità. Ha portato a una maggiore consapevolezza delle maschere che le persone indossano, sia nelle loro personalità pubbliche che nelle loro vite personali. Questo riconoscimento ha alimentato movimenti che sostengono la vulnerabilità, l'intelligenza emotiva e l'importanza di connessioni genuine. Il rifiuto dell'ironia come mezzo di distacco e auto-protezione ha aperto la strada a interazioni più significative, un coinvolgimento emotivo più profondo e la coltivazione di relazioni autentiche.

D'altra parte, l'enfasi di Kierkegaard sulla fede e sul dubbio ha avuto profonde implicazioni per la società moderna. Ha sfidato la nozione che la certezza assoluta sia raggiungibile e ha sostenuto che la vera fede deve confrontarsi con il dubbio e l'incertezza. L'esplorazione di Kierkegaard della fede come esperienza soggettiva e profondamente personale continua a risuonare in un mondo segnato dal pluralismo religioso e dai progressi scientifici.

La sua filosofia incoraggia gli individui a impegnarsi nell'autoriflessione e nell'esame critico delle proprie convinzioni, promuovendo un approccio più aperto e inclusivo alla religione, alla spiritualità e alla conoscenza. Invece di abbracciare visioni religiose dogmatiche e rigide o di respingere del tutto la fede a causa dello scetticismo razionale, Kierkegaard spinge gli individui ad affrontare la fede in modo sfumato e introspettivo. Questo approccio ha contribuito a una società più inclusiva e tollerante, in cui gli individui sono incoraggiati a esplorare i propri percorsi spirituali e a impegnarsi in un dialogo significativo che collega diverse prospettive.

Capitolo XXVI
IMPLICAZIONI NEL PANORAMA POLITICO

L'impatto politico di Kierkegaard risiede nella sua incrollabile enfasi sulla libertà e la responsabilità individuale, l'etica del processo decisionale, la giustizia sociale, la democrazia, l'autenticità e l'identità. Le sue idee continuano a ispirare e plasmare le discussioni politiche, fornendo quadri per comprendere e riflettere su vari concetti e questioni politiche. La filosofia di Kierkegaard sfida gli individui a fare introspezione e a impegnarsi in un'agenzia politica attiva, promuovendo una società in cui gli individui contribuiscono in modo autentico e responsabile alla definizione di un panorama politico più giusto e responsabile.

1. Libertà e responsabilità individuale:
Al centro della filosofia di Kierkegaard c'è il primato della libertà e della responsabilità individuali. Egli sostiene con fervore che la vera esistenza umana risiede nella scelta personale e nel processo decisionale, affermando che gli individui devono assumersi la responsabilità delle proprie azioni e delle proprie scelte esistenziali. L'enfasi di Kierkegaard sull'autonomia individuale ha avuto eco nelle discussioni politiche sulla libertà personale, sui diritti umani e sulle libertà civili. L'idea che gli individui possiedano la libertà di perseguire i propri percorsi, con la conseguente responsabilità per le conseguenze, ha influenzato i dibattiti politici sulla responsabilità e l'interconnessione tra azioni personali e politiche.

Inoltre, l'enfasi di Kierkegaard sulla libertà individuale sfida anche la nozione di uno stato o di un potere politico onnicomprensivo. Mette in guardia contro i pericoli di un regime totalitario che soggioga la volontà individuale e soffoca l'espressione personale. La filosofia di Kierkegaard ha stimolato discussioni sul ruolo appropriato dello stato e sulla preservazione della libertà individuale nei sistemi politici. Incoraggia il riconoscimento e la protezione della libertà individuale come aspetto fondamentale di una società giusta e umana.

2. Etica del processo decisionale:

L'esplorazione di Kierkegaard della natura soggettiva e passionale del processo decisionale ha profonde implicazioni per le dimensioni etiche della politica. Egli sottolinea l'importanza della convinzione personale e dell'autenticità, sostenendo che gli individui debbano fare scelte basate sui propri valori e convinzioni piuttosto che conformarsi alle norme o alle aspettative della società. Questa prospettiva ha dato profondità alle conversazioni politiche che circondano il processo decisionale morale, il ruolo della coscienza e la tensione intrinseca tra convinzioni personali e valori collettivi.

La filosofia di Kierkegaard sfida gli individui a impegnarsi in una profonda introspezione, a lottare con le loro posizioni etiche e a plasmare attivamente le loro politiche allineando le loro azioni politiche con le loro convinzioni più profonde. Promuovendo l'importanza di un autentico processo decisionale, Kierkegaard incoraggia gli individui a resistere alle pressioni del pensiero di gruppo e delle narrazioni populiste, sottolineando il valore del pensiero critico e la ricerca di soluzioni genuine e moralmente valide. Questa dimensione etica del pensiero di Kierkegaard ha implicazioni significative per i leader politici, poiché li ispira ad agire con integrità, autentica convinzione e un senso di responsabilità verso il benessere delle loro comunità.

3. Giustizia sociale:

Sebbene Kierkegaard non abbia approfondito esplicitamente il concetto di giustizia sociale, la sua enfasi sulla responsabilità individuale e sul processo decisionale etico ha implicazioni di vasta portata per le discussioni sulle disuguaglianze e le ingiustizie sociali. L'insistenza di Kierkegaard sull'impegno e l'azione personali spinge a riflettere sulla responsabilità collettiva e sulla necessità di cambiamenti strutturali per affrontare questioni sistemiche.

La filosofia di Kierkegaard evidenzia l'interconnessione tra etica personale e benessere sociale. Egli sostiene che gli individui hanno sia il dovere morale che l'obbligo politico di affrontare e correggere le ingiustizie sociali. Questa prospettiva ha influenzato il discorso politico sulla giustizia sociale, la giustizia distributiva e l'interazione tra individui e società. La convinzione di Kierkegaard che gli individui debbano lavorare attivamente per creare una società più giusta spinge le persone a considerare il loro ruolo nella lotta alla disuguaglianza, alla discriminazione e alla povertà. La sua filosofia richiede una consapevolezza cosciente delle disparità sociali esistenti e incoraggia gli individui a sfidare e trasformare le strutture di potere ingiuste.

4. Democrazia e autenticità:
La filosofia di Kierkegaard sfida l'idea di conformismo e invita gli individui a vivere in modo autentico, abbracciando il proprio sé unico. Questa enfasi sull'autenticità e sul valore dell'esperienza soggettiva ha profonde implicazioni per le società democratiche, dove gli individui sono incoraggiati a contribuire con il loro sé autentico e a partecipare attivamente.

Le idee di Kierkegaard hanno influenzato le discussioni sulla democrazia, la partecipazione politica e l'importanza di prospettive e voci diverse nei processi decisionali. La sua filosofia evidenzia la necessità di sistemi democratici che facilitino e incoraggino l'espressione delle convinzioni individuali, promuovendo una società in cui i cittadini possano impegnarsi autenticamente nel plasmare il loro panorama politico.

Inoltre, la filosofia di Kierkegaard solleva interrogativi sulla natura del discorso politico e del dibattito all'interno dei sistemi democratici. Critica la superficialità e incoraggia un profondo impegno con idee e valori, spingendo gli individui a cercare un dialogo autentico e impegni significativi piuttosto che abbandonarsi a semplici battaglie retoriche. Sottolineando l'importanza della comunicazione autentica, la filosofia di Kierkegaard sfida le tendenze prevalenti verso la polarizzazione politica e la retorica vuota, invocando una politica guidata dalla sincerità e dalla ricerca della verità.

5. Nazionalismo e identità:
L'esplorazione di Kierkegaard dell'identità e della lotta per l'individualità ha una rilevanza diretta per le discussioni che circondano il nazionalismo e l'identità collettiva. Critica i pericoli di identificarsi troppo fortemente con un collettivo, sostenendo che l'identità autentica risiede nella relazione dell'individuo con l'eterno.

Le intuizioni di Kierkegaard hanno influenzato i dibattiti sul nazionalismo, la politica dell'identità e la tensione tra identità individuale e affiliazioni di gruppo. La sua filosofia evidenzia il potenziale degli individui di trascendere i ristretti sentimenti nazionalisti e invece sviluppare una comprensione più profonda delle proprie identità radicata nella loro relazione con valori senza tempo ed esperienze umane universali.

Inoltre, il pensiero di Kierkegaard accende discussioni sulla responsabilità degli individui nel plasmare le identità collettive. Egli sfida gli individui a esaminare criticamente le narrazioni e le ideologie che informano le identità collettive, esortandoli a resistere al conformismo e a considerare le implicazioni della loro partecipazione nel plasmare le identità nazionali o di gruppo. Nella filosofia di Kierkegaard, la propria identità è fondata su valori umani universali piuttosto che segmentata da confini divisivi.

Capitolo XXVII
ACCOGLIENZA DA PARTE DI ALTRI PENSATORI

L'impatto di Søren Kierkegaard sulla filosofia si estende ben oltre il suo stile di scrittura unico e il suo esame dei temi esistenziali. L'influenza delle sue idee può essere vista nelle opere di molti rinomati pensatori e filosofi che hanno seguito le sue orme.

1. Friedrich Nietzsche: L'attenzione di Kierkegaard sull'esperienza soggettiva dell'individuo e l'importanza dell'autenticità personale risuonarono profondamente in Friedrich Nietzsche. Mentre l'orientamento religioso di Kierkegaard e l'ateismo radicale di Nietzsche possono sembrare contraddittori, condividevano una comune disillusione nei confronti delle istituzioni religiose dogmatiche. Nietzsche ammirava molto la critica di Kierkegaard alla moralità e alla religione tradizionali, in particolare la sua enfasi sulla necessità degli individui di creare i propri valori. Nietzsche ampliò questa idea, sviluppando la sua filosofia incentrata sul concetto di "superuomo" che si eleva al di sopra delle norme sociali e costruisce il proprio significato in un mondo ritenuto privo di significato dagli standard tradizionali. L'opera di Nietzsche ebbe un impatto duraturo, sfidando i fondamenti filosofici tradizionali e aprendo la strada a rivalutazioni critiche della moralità, della verità e della condizione umana.

2. Martin Heidegger: Martin Heidegger, uno dei filosofi più influenti del XX secolo, trasse ispirazione dalle idee di Kierkegaard sull'esistenza. L'esplorazione di Heidegger dell'ontologia e della natura dell'essere fu profondamente influenzata dall'enfasi di Kierkegaard sull'esistenza individuale come punto di partenza per comprendere il mondo. Heidegger integrò anche il concetto di ansia di Kierkegaard nella sua analisi dell'esistenza umana, sostenendo che rivela la nostra relazione fondamentale con il mondo e la nostra stessa finitezza. Con il suo lavoro pionieristico sui concetti di "Essere" e "Dasein", Heidegger ampliò la fenomenologia e la fenomenologia esistenziale, rimodellando la nostra comprensione dell'esperienza umana. L'impatto di Heidegger si estende oltre l'esistenzialismo, influenzando campi come l'ermeneutica e la filosofia della tecnologia.

3. Jean-Paul Sartre: Jean-Paul Sartre, una figura chiave del movimento esistenzialista, trovò ispirazione nella nozione di libertà e responsabilità personale di Kierkegaard. Come Kierkegaard, Sartre credeva che gli individui dovessero definire la propria esistenza attraverso scelte e azioni autentiche. Sartre ampliò queste idee, introducendo la nozione di "malafede" come una forma di autoinganno che impedisce agli individui di accettare pienamente la propria responsabilità nel creare la propria vita. Nella famosa opera di Sartre "L'essere e il nulla", egli si basa sulle idee di Kierkegaard sviluppando la sua filosofia dell'esistenzialismo, sottolineando l'assenza di significato intrinseco nel mondo e la necessità della libertà individuale nel costruire il significato. L'esistenzialismo di Sartre influenzò non solo la filosofia, ma anche campi come la letteratura e il teatro, come evidente nelle sue influenti opere teatrali e romanzi.

4. Albert Camus: Albert Camus, un altro importante filosofo esistenzialista fortemente influenzato da Kierkegaard, ha esplorato i temi dell'assurdo e della condizione esistenziale dell'essere umano. Camus ha attinto al concetto di assurdo di Kierkegaard come aspetto fondamentale dell'esistenza, sottolineando lo scontro tra il desiderio umano di significato e l'irrazionalità intrinseca del mondo. Nel famoso romanzo di Camus "Lo straniero", egli ritrae la risposta apatica e distaccata del suo protagonista al mondo privo di significato, incarnando le idee di libertà individuale e responsabilità morale di Kierkegaard. Camus ha esteso la nozione di assurdo di Kierkegaard introducendo il concetto di ribellione come risposta all'assurdo, sostenendo il riconoscimento dell'intrinseca mancanza di significato della vita e affermando la nostra libertà di trovare il nostro significato attraverso la rivolta. L'opera di Camus continua a ispirare il pensiero esistenzialista e la letteratura esistenzialista.

5. Emmanuel Lévinas: Emmanuel Lévinas, un filosofo noto per le sue teorie etiche, ha incorporato le idee di Kierkegaard nel suo esame della soggettività del sé e delle responsabilità etiche verso gli altri. Come Kierkegaard, Lévinas ha sottolineato l'importanza dell'incontro dell'individuo con l'Altro e le implicazioni etiche che derivano da questo incontro. Lévinas ha costruito su queste fondamenta per sviluppare la sua teoria dell'etica basata sul primato dell'incontro faccia a faccia con gli altri. Ha sostenuto che l'etica non può essere ridotta a principi generali ma piuttosto emerge dalla responsabilità immediata ed etica di ciascuno verso l'Altro. Lévinas ha ampliato le intuizioni di Kierkegaard approfondendo le richieste etiche poste agli individui e la nozione di responsabilità etica come fondamentale per l'esistenza umana.

Questi sono solo alcuni esempi del profondo impatto che gli scritti di Kierkegaard hanno avuto sul pensiero filosofico successivo. Le sue idee continuano a plasmare e ispirare filosofi di varie scuole di pensiero, dimostrando la sua rilevanza duratura e la profondità dei suoi contributi filosofici. Attraverso l'influenza di Kierkegaard, questi pensatori hanno arricchito il panorama filosofico, sfidando nozioni consolidate ed espandendo la nostra comprensione dell'esistenza, della libertà, dell'etica e della condizione umana.

Capitolo XXVIII
IMPATTO ESTESO DI "AUT-AUT"

L'influenza di vasta portata del capolavoro di Søren Kierkegaard, Aut-Aut, si estende oltre quanto è stato esplorato in
precedenza. L'impatto di Kierkegaard e delle sue idee filosofiche è enorme, così come i modi in cui le sue opere hanno
plasmato il nostro presente.

1. Implicazioni metafisiche:
Sebbene Kierkegaard non si sia mai occupato direttamente di
metafisica, la sua filosofia ha gettato le basi affinché gli individui si confrontassero con questioni esistenziali, portando infine allo sviluppo di teorie metafisiche. Sottolineando l'esperienza soggettiva dell'esistenza, le idee di Kierkegaard hanno
aperto la strada ai filosofi per esplorare temi quali la natura
della realtà, l'esistenza di Dio, il significato della vita e il ruolo
della coscienza umana.

L'attenzione di Kierkegaard sulle verità soggettive e l'importanza dell'esperienza vissuta dall'individuo hanno influenzato
fenomenologi esistenzialisti come Jean-Paul Sartre e Maurice
Merleau-Ponty. Hanno esteso le idee di Kierkegaard incorpo-
randole nelle loro teorie, esaminando le implicazioni della
scelta individuale, della libertà e dell'autodeterminazione.
Inoltre, Martin Heidegger, fortemente influenzato da Kierkegaard, si è addentrato nelle profondità dell'essere umano,
esplorando la dimensione ontologica e cosa significa esistere
autenticamente.

Inoltre, le idee di Kierkegaard sulla soggettività sono state col-
legate anche al pensiero postmoderno, in particolare al modo
in cui percepiamo e costruiamo la realtà. L'enfasi sulle interpretazioni multiple e la decostruzione delle verità assolute ri-
scontrate in pensatori come Jacques Derrida e Michel

Foucault possono essere ricondotte all'affermazione di Kierkegaard dell'esperienza soggettiva.

2. Influenza letteraria:

L'approccio innovativo di Kierkegaard alla scrittura, che combinava filosofia con allegoria teologica ed espressioni estetiche, rivoluzionò il panorama letterario. La sua influenza può essere individuata nell'opera di autori come Franz Kafka, Samuel Beckett e Albert Camus, che impiegarono magistralmente temi esistenziali e un senso di assurdità.

Kafka, ispirato dall'esplorazione di Kierkegaard dell'individualità e della tensione tra sé e società, ha creato narrazioni che descrivono l'assurdità e l'alienazione della condizione umana. Beckett, influenzato dall'enfasi di Kierkegaard sulla scelta e sulla lotta per l'autenticità, ha creato opere teatrali che si addentrano nella desolazione dell'esistenza e nel fallimento della comunicazione. Allo stesso modo, Camus, influenzato dall'esame di Kierkegaard della disperazione e della ricerca di significato, ha presentato il concetto di assurdo attraverso i suoi romanzi e saggi filosofici.

L'analisi di Kierkegaard della lotta dell'individuo per l'autenticità, l'esplorazione del conflitto interiore e la ricerca di significato trovarono profonda risonanza in questi giganti della letteratura, consentendo loro di catturare la condizione umana.

3. Influenza sulla teologia e sul pensiero religioso:

Il pensiero religioso e la teologia furono profondamente influenzati dagli scritti di Kierkegaard. La sua esplorazione dell'esperienza soggettiva della fede sfidò i quadri teologici tradizionali e aprì la strada a un approccio più personale ed esperienziale alla religione. Il concetto di "salto della fede" di Kierkegaard divenne una pietra di paragone per i teologi alle prese con la tensione tra ragione e fede.

L'idea dell'incontro soggettivo dell'individuo con il divino ha influenzato teologi esistenzialisti come Paul Tillich e Rudolf Bultmann. Questi teologi hanno cercato di colmare il divario tra il dogma religioso tradizionale e lo scetticismo moderno sottolineando le dimensioni personali ed esistenziali della fede religiosa.

D'altro canto, le idee di Kierkegaard sulla relazione tra fede e ragione e la sua critica all'istituzionalizzazione religiosa continuano a plasmare i dibattiti teologici contemporanei. Le opere di teologi come John D. Caputo e Richard Kearney attingono all'enfasi di Kierkegaard sul paradosso religioso e sull'importanza della fede vissuta per riformulare il discorso teologico in un contesto postmoderno.

4. Influenza sull'istruzione e sulla pedagogia:
La filosofia di Kierkegaard si estende al regno dell'educazione e della pedagogia. La sua critica dell'apprendimento istituzionalizzato e dell'acquisizione passiva della conoscenza a favore dell'impegno individuale con il materiale ha avuto una profonda influenza nel campo dell'educazione.

Basandosi sulle idee di Kierkegaard, il teorico dell'educazione Paulo Freire ha sviluppato il concetto di "pedagogia critica", sostenendo un sistema educativo che incoraggia il pensiero critico e la partecipazione attiva, dando in ultima analisi agli studenti il potere di sfidare le strutture oppressive. L'approccio di Freire enfatizza il dialogo, la prassi e il riconoscimento degli studenti come agenti attivi nella propria istruzione, riflettendo l'enfasi di Kierkegaard sull'individualità e l'impegno personale.

Inoltre, le idee di Kierkegaard trovano risonanza nella creazione dell'apprendimento trasformativo, un approccio pedagogico sviluppato da Jack Mezirow. L'apprendimento trasformativo si concentra sul processo di riflessione critica e ricostruzione della propria visione del mondo, allineandosi con l'enfasi di Kierkegaard sulla trasformazione personale e sulla necessità di autoriflessione.

In un mondo sempre più complesso e interconnesso, le idee di Kierkegaard offrono una lente attraverso cui possiamo affrontare le sfide della modernità. La sua enfasi sull'agenzia personale e sull'importanza dell'esperienza individuale ci incoraggia a esaminare criticamente le norme sociali, le istituzioni e le strutture di potere. La filosofia di Kierkegaard ci spinge a resistere all'autocompiacimento e al conformismo, spingendoci a impegnarci con il mondo in modo autentico e a fare scelte che siano in linea con i nostri valori e le nostre convinzioni.

D'altra parte, gli scritti di Kierkegaard ci sfidano a confrontarci con i dilemmi esistenziali che definiscono l'esperienza umana. La sua esplorazione della disperazione, dell'ansia e della ricerca di significato risuona con gli individui che vivono in un'epoca segnata da incertezza, rapidi cambiamenti e una quantità schiacciante di informazioni. Kierkegaard ci incoraggia a confrontarci con le profondità della nostra vita interiore, a confrontarci con difficili questioni dell'esistenza e a coltivare un senso di scopo e autenticità nelle nostre vite.

Capitolo XXIX
LE 50 CITAZIONI CHIAVE DI KIERKEGAARD

1.
"Io la vedo perfettamente; ci sono due possibili situazioni: si può fare questo o quello. La mia sincera opinione e il mio consiglio amichevole sono questi: fallo o non farlo, te ne pentirai in entrambi i casi."

2.
"Oltre alle mie numerose conoscenze, ho un'altra confidente intima... La mia depressione è l'amante più fedele che abbia mai conosciuto: non c'è da stupirsi, quindi, che io ricambi il suo amore."

3.
"Che cos'è un poeta? Un uomo infelice che nasconde una profonda angoscia nel suo cuore, ma le cui labbra sono così formate che quando il sospiro e il pianto le attraversano, suonano come una musica deliziosa."

4.
"Se dovessi desiderare qualcosa, non desidererei ricchezza e potere, ma il senso appassionato del potenziale, l'occhio che, sempre giovane e ardente, vede il possibile."

5.
"Ho un solo amico, ed è Echo."

6.
"L'ozio, siamo soliti dire, è la radice di tutti i mali."

7.
"Tu che ti vanti sempre di essere un osservatore, devi, in cambio, accettare di diventare un oggetto di osservazione."

8.
"La mia malinconia è l'amante più fedele che abbia mai cono-sciuto; non c'è quindi da stupirsi se io la amo a mia volta."

9.
"Se ti sposi, te ne pentirai; se non ti sposi, te ne pentirai ugual-mente; se ti sposi o non ti sposi, te ne pentirai di entrambe le cose."

10.
"La tua tattica è quella di allenarti nell'arte di diventare enig-matico per tutti. Mio giovane amico, supponi che non ci fosse nessuno che si prendesse la briga di indovinare il tuo enigma: quale gioia, allora, ne avresti?"

11.
"Cos'è la giovinezza? Un sogno. Cos'è l'amore? Il contenuto del sogno."

12.
"A cosa serve l'esistenza se non a farsi deridere, se gli uomini ventenni hanno già raggiunto il massimo?"

13.
"Ho il coraggio, credo, di dubitare di tutto; ho il coraggio, credo, di lottare contro tutto; ma non ho il coraggio di sapere nulla; non ho il coraggio di possedere, di possedere nulla."

14.
"Lascia che gli altri si lamentino che l'epoca è malvagia; la mia lamentela è che è meschina, perché manca di passione."

15.
"Il mio tempo lo divido così: una metà lo dormo; l'altra metà lo sogno."

16.

"Anche la personalità più ricca non è nulla prima di aver scelto se stessa."

17.

"Nessuno torna dai morti, nessuno è venuto al mondo senza piangere; a nessuno viene chiesto quando desidera entrare nella vita, né quando desidera uscirne."

18.

"Il linguaggio ha il tempo come suo elemento; tutti gli altri media hanno lo spazio come loro elemento."

19.

"Amare solo uno è troppo poco; amare tutti è essere superficiali; conoscere se stessi e amare il maggior numero possibile di persone, lasciando che la propria anima nasconda in sé tutti i poteri dell'amore, così che ognuno riceva il suo particolare nutrimento mentre la coscienza abbraccia comunque tutto: questo è godere, questo è vivere."

20.

"Ho aperto gli occhi e ho visto il mondo reale, e ho cominciato a ridere, e da allora non ho più smesso."

21.

"La mia vita non ha assolutamente senso."

22.

"Non sono mai stato gioioso, eppure mi è sempre sembrato che la gioia fosse la mia compagna costante, come se il jinn allegro della gioia danzasse intorno a me, invisibile agli altri ma non a me, i cui occhi brillavano di gioia."

23.

"Quando mi alzo la mattina, torno subito a letto."

24.

"La cosa più ridicola di tutte le cose ridicole, mi sembra, è essere occupati nel mondo, essere un uomo che è veloce nei suoi pasti e veloce nel suo lavoro."

25.

"Non ho voglia di fare niente. Non ho voglia di cavalcare il movimento, è troppo potente; non ho voglia di camminare, è troppo stancante; non ho voglia di sdraiarmi, perché io dovrei restare giù, e non ho voglia di farlo, oppure dovrei rialzarmi, e non ho voglia di farlo, neanche questo. Summa Summorum: non ho voglia."

26.

"La vita è diventata per me una bevanda amara, e tuttavia bisogna prenderla a gocce, contandola una per una."

27.

"La mia anima è come il mare morto, sul quale nessun uccello può volare; quando giunge a metà, sprofonda esausta, fino alla morte e alla distruzione."

28.

"Chi non risica non rosica."

29.

"Sono solo, come sono sempre stato; abbandonato non dagli uomini, che non mi farebbero del male, ma dagli spiriti felici della gioia che in innumerevoli schiere mi hanno circondato, che hanno incontrato ovunque i loro simili, indicando ovunque un'opportunità."

30.

"Scelgo una cosa: avere sempre la risata dalla mia parte."

31.
"Non può diventare vecchio, perché non è mai stato giovane; non può diventare giovane, perché è già diventato vecchio; in un certo senso non può morire, perché non ha mai vissuto; in un certo senso non può vivere, perché è già morto."

32.
"Il mio dolore è il mio castello, che come un nido d'aquila è costruito in alto sulle cime delle montagne, tra le nuvole; niente può espugnarlo."

33.
"Penso di avere il coraggio di dubitare di tutto; penso di avere il coraggio di combattere tutto."

34.
"Essere isolati significa sempre affermarsi numericamente; quando ti affermi come uno, quello è isolamento."

35.
"La mia anima è così pesante che nessun pensiero può più sostenerla, nessun battito d'ala può sollevarla nell'etere."

36.
"Se dovessi desiderare qualcosa, non desidererei ricchezza e potere, ma la passione del possibile, quell'occhio che ovunque, sempre giovane, sempre ardente, vede possibilità. Il piacere delude, non la possibilità."

37.
"Quello di cui mi lamento è che la vita non è come un romanzo in cui ci sono padri dal cuore duro, folletti e troll con cui combattere, principesse incantate da liberare."

38.

"Quindi, non sono io il padrone della mia vita, sono solo uno dei fili da intrecciare nel calico della vita! Bene, allora, anche se non so filare, posso almeno tagliare il filo in due."

39.
"Il tempo si ferma e io con lui. Tutti i piani che faccio mi tornano indietro, quando vorrei sputarmi in faccia."

40.
"Lei non sospetta quante ragioni ho per deprecare ogni compassione."

41.
"Ho spesso scoperto quanto sia proficuo dare al dolore un'espressione etica, non cancellare il fattore estetico nel dolore, ma dominarlo eticamente."

42.
"Ogni individuo, per quanto originale possa essere, è pur sempre figlio di Dio, della sua epoca, della sua nazione, della sua famiglia e dei suoi amici."

43.
"Mi rialzo ancora una volta, mi guardo intorno nella stanza con una pace indescrivibile, e poi è buonanotte, giù sotto il piumone."

44.
"Oltre alle mie numerose conoscenze, ho un altro confidente intimo: la mia malinconia."

45.
"Dopotutto, è il periodo più bello della vita, il primo periodo dell'innamoramento, quando con ogni incontro, ogni sguardo, si porta a casa qualcosa di nuovo di cui rallegrarsi."

46.
"La mia depressione è l'amante più fedele che abbia mai conosciuto: non c'è da stupirsi, quindi, che io ricambi il suo amore."

47.
"Per me, niente è più pericoloso del ricordo."

48.
"La mia riflessione sulla vita è del tutto priva di significato."

49.
"La gente dice che il buon Dio riempie lo stomaco prima degli occhi. Io non ci ho fatto caso; i miei occhi ne hanno abbastanza e sono stanco di tutto, e tuttavia ho fame."

50.
"La migliore prova addotta della miseria della vita è quella che deriva dalla contemplazione della sua gloria."

Milton Keynes UK
Ingram Content Group UK Ltd.
UKHW020054181024
449757UK00011B/620

9 798224 525591